Heidi Huber

Köstlichkeiten aus Germteig

Auflage:
2014 2013 2012 2011
5 4 3 2

E-Mail: loewenzahn@studienverlag.at
Internet: www.loewenzahn.at

Buchgestaltung nach Entwürfen von Kurt Höretzeder
Satz und Umschlag: loewenzahn/Maria Strobl · maria.strobl@gestro.at
Fotos Innenteil und Umschlag: Bernhard Aichner/www.fotowerk-aichner.at
außer: S. 26: Gmaxwell/Wikimedia Commons | S. 27, Ei: George Skuklin/
Wikimedia Commons | S. 27, Salz: Rainer Zenz/Wikimedia Commons

Gedruckt auf umweltfreundlichem, chlor- und säurefrei gebleichtem Papier.

Bibliografische Information Der Deutschen Bibliothek
Die Deutsche Bibliothek verzeichnet diese Publikation in der Deutschen Nationalbibliografie;
detaillierte bibliografische Daten sind im Internet über <http://dnb.ddb.de> abrufbar.

ISBN 978-3-7066-2497-8

Heidi Huber

Köstlichkeiten aus Germteig

Mit Fotografien von Bernhard Aichner

lœwenzahn

Inhalt

Heidi Huber
Köstlichkeiten aus Germteig

Plunderteig

Sauerteig, Brot und Gebäck

Vorwort

Backen mit Germteig, diesem Thema habe ich mich bereits vor 14 Jahren in der Erstauflage meines Buches *Köstlichkeiten aus Germteig* verschrieben. Inzwischen ist reichlich Zeit vergangen, ich habe zahlreiche Backkurse abgehalten und mein Erfahrungsschatz ist seither noch um einiges reicher geworden. Die Liebe zum Germteig ist geblieben und es freut mich, immer wieder von Leserinnen des Buches zu hören, wie leicht die Zubereitung von flaumigen Krapfen, knusprigem Brot und luftig zartblättrigen Plunderteigkipferln fällt, hat man sich erst einmal mit den einfachen Grundrezepten vertraut gemacht.

Ich habe in dieser neuen und stark überarbeiteten Ausgabe nun auch die Zubereitung mit Bio-Germ und selbst angesetztem Sauerteig eingebaut, manche Rezepte darauf abgestimmt und neue Rezepte aufgenommen. Neu sind auch meine Schritt-für-Schritt-Anleitungen zu Germ-, Plunder- und Sauerteig mit zahlreichen Fotos, mit denen ich Ihnen vor Augen führen möchte, dass deren Zubereitung kein geheimes Wissen ist.

Beim erstmaligen Erscheinen des Buches waren meine fünf Kinder Sandra, Hermann, Christina, Manuel und Stefanie noch klein. Ich kann mich noch gut erinnern, wie viel Spaß alle daran hatten mitzuhelfen, wenn es darum ging, Teige abzuschlagen, Gebäck zu formen oder eigene, kreative Ideen zu entwickeln wie die bei uns legendären Brombeerröllchen „Stefanie". Mittlerweile ist Christina Bäckerin und Konditorin und ich kann nun durch ihr Wissen gewinnen und immer wieder dazulernen.

Meine helfenden Freundinnen sind seit damals die gleichen geblieben. Ihnen gebührt mein Dank, allen voran Gerlinde Emmersdorfer und Elisabeth Fritzenwanker.

Danke auch an das Team vom Löwenzahn Verlag für die Unterstützung und das Engagement bei der gemeinsamen Arbeit.

Bernhard Aichner war durch seine einfühlsame und engagierte Fotoarbeit maßgeblich daran beteiligt, dass dieses Buch Form angenommen hat und nun durch seine ästhetischen Bilder in Glanz erstrahlt. Herzlichen Dank.

Ich wünsche Ihnen – lieber Leser, liebe Anwenderin – viel Freude beim Schmökern in den Rezepten sowie bei der Arbeit mit Germteig und ein gutes Gelingen beim Backen flaumiger Buchteln, feiner Obstkuchen, würziger Brote und pikanten Plunderteiggebäcks.

Ihre *Heidi Huber*
St. Johann im Pongau im Sommer 2011

Gedanken zum Germteig

Obwohl erst seit etwas mehr als hundert Jahren spezielle Hefen explizit fürs Backen gezüchtet werden (davor nahmen die Bäcker, was bei den Brauereien für sie abfiel), besitzt ein Germteig für mich diese gewisse Ursprünglichkeit und traditionelle Lebendigkeit. Ganz besonders schätze ich an ihm seine vielen Variationsmöglichkeiten und damit die Herausforderung, wieder mal etwas Neues auszuprobieren.

Faktor Zeit

Germteig benötigt außer Mehl, Wasser, Hefen und ein wenig Salz nur noch eines: ausreichend Zeit, um gut gehen zu können. Dennoch ist er keinesfalls aufwändig in der Herstellung. Es geht einfach nur darum, vorweg ein wenig zu planen und ihn zeitgerecht zuzubereiten. Die Gehzeiten hängen von Menge und Sorte des Mehls, von der Raumtemperatur und den restlichen Zutaten ab, aber insbesondere natürlich vom Anteil an Germ – und damit der Anzahl an Hefepilzen –, die man hinzufügt. Sie werden auch feststellen: Je weicher man den Teig zubereitet, desto rascher geht er.

Erfahrung sammeln

Wer sich mit Germteigen vertraut machen möchte, beginnt am besten mit leichteren Varianten, wie einem einfachen Pizzateig, und macht dann Schritt für Schritt weiter, bis auch Sauer- und Plunderteige ein Leichtes sein werden. Es lohnt sich auch, einmal einer erfahrenen Krapfen- oder Brotbäckerin über die Schulter zu schauen. Die meisten Menschen geben ihre Erfahrungen gerne weiter und oft sind es nur Kleinigkeiten, die weiterhelfen, damit ein Teig gut gelingt. Darüber hinaus benötigt der Germteig vor allem auch noch etwas Fingerspitzengefühl. Korrektes Abwiegen ist wichtig, aber die Teigbereitung mit Hefen lehrt uns auch, wieder mehr in die Natur der Dinge hinein zu fühlen und zu spüren.

Wenn Sie jemanden kennen, der ausgezeichnetes Brot bäckt, dann kann er sicher davon berichten, wie viele Versuche nötig waren, um endlich das gewünschte Ergebnis zu erzielen. Aber es lohnt sich! Die Freude über den Genuss von butterweichem Milchbrot, kräftigem Vollkornbrot oder zartem Plunderteiggebäck wird das Ergebnis des Bemühens sein.

Daheim backen

Wer öfters Germteig zubereitet, sollte sich den Kauf einer Teigknetmaschine oder sehr hochwertigen Allzweck-Küchenmaschine überlegen. Diese nimmt der Hausfrau bzw. dem Hobbybäcker schon den meisten Teil der Arbeit ab. Andererseits erleben viele das kräftige, manuelle Kneten und Abschlagen des Teigs von Hand als sehr befriedigende Tätigkeit. Ich persönlich bereite Pizza- und Plunderteig sowie feinen Germteig in der Küchenmaschine zu. Sauerteig

schlage ich lieber von Hand ab und auch weiche Germteige, da ich die Flüssigkeitsmenge so besser variieren kann. Empfehlen kann ich des Weiteren spezielle Germteigschüsseln, in denen – gut verschlossen und im warmen Wasserbad – das Aufgehen des Teigs forciert wird. Ebenso den Römertopf. Wer ihn besitzt, sollte ihn auch einmal bei der Zubereitung und beim Backen von Broten ausprobieren.

An seinem Ofen wird man selten etwas ändern können. Und es ist auch gar nicht erforderlich, sich für das Backen mit Germteig einen modernen Dampfbackofen zuzulegen, der unbestritten meisterlich Brote bäckt. Maßgeblich für den Backerfolg ist, den eigenen Backofen gut zu kennen und die darin vorherrschenden Temperaturen einschätzen zu lernen.

Haben Sie eine eigene Getreidemühle, sollte das Getreide erst kurz vor der Verwendung gemahlen werden, damit möglichst wenig der wertvollen Inhaltsstoffe des vollen Korns verloren gehen.

Gemeinsam backen

Gerade in der Vorweihnachtszeit ist es eine Überlegung wert, das Backen von Broten, Christstollen und Keksen gemeinsam mit Freunden zu zelebrieren – z.B. in einer angemieteten Schulküche. Ein jeder bringt sein Wissen, seine Talente sowie Ideen ein und gemeinsam macht es ganz einfach auch noch mehr Spaß.

Hochwertige Zutaten

Selbst zu kochen und zu backen macht nicht nur unabhängig von Küchen, Kantinen, Bäckereien und vorgefertigten Nahrungsmitteln, sondern gibt uns die Chance, ganz bewusst nur zu hochwertigen Zutaten zu greifen. Tun Sie sich und Ihren Lieben etwas Gutes und greifen Sie zu heimischer Bio-Qualität bei Germ, Getreide und Mehl (vielleicht sogar direkt vom Bauern), Butter und Milchprodukten, Saaten, Kräutern und Gewürzen. Bevorzugen Sie frisches Obst und Gemüse der Saison aus Ihrer Region. Informieren Sie sich über Zusammenhänge und seien Sie offen für Neues (beispielsweise für alte Getreidesorten, wie ich sie im nächsten Abschnitt vorstelle), dann fällt Ihnen der Griff zu Qualität auch leichter.

Getreide – Rohstoff vitaler Ernährung

Seit Jahrtausenden stellt Getreide eines der wichtigsten Grundnahrungsmittel des Menschen dar. Die Gründe sind in seiner langen Lagerfähigkeit, den vielseitigen Verwendungsmöglichkeiten und insbesondere in den hohen Nährwerten und Vitalstoffgehalten zu finden. Schon gewusst: In unseren Breiten war die Gerste bis vor 500 Jahren die wichtigste Getreidepflanze.
Roggen, Weizen und Dinkel sind die bekannten Getreidesorten, die zur Brotherstellung gut geeignet sind. Aber auch die alten Sorten Einkorn, Emmer und Kamut enthalten den notwendigen Kleber, um einen stabilen Brotlaib zu bilden.

Weizen

Von den Brotgetreiden wird der Weizen weltweit am häufigsten kultiviert. Diese führende Stellung ergibt sich vor allem aus seiner hervorragenden Backfähigkeit. Mild im Geschmack und leicht verdaulich, bietet Weizen und sein helles Mehl zudem vielseitige Möglichkeiten in der Anwendung und ist daher Nummer 1 bei Brot und Gebäck, Mehlspeisen und pikanten Getreidegerichten. Steht in der Zutatenliste heimischer Koch- und Backbücher „Mehl" ohne weitere Bezeichnung, meinen diese immer (weißes) Weizenmehl.
Das volle Weizenkorn – insbesondere der Keimling und die Randschichten – enthält reichlich B-Vitamine und Vitamin E, dazu Beta-Carotin und viele Mineralstoffe (z.B. überdurchschnittlich viel Kalium) sowie alle essentiellen Aminosäuren. Das vital- und ballaststoffreiche Vollkornmehl sollte daher möglichst oft dem Weißmehl vorgezogen werden – dann aber auch nur solches aus biologischem Landbau, da sich auch die Schadstoffe aus dem konventionellen Anbau und anderen Umwelteinflüssen vornehmlich in den Randschichten speichern.

Weißmehl beinhaltet kaum noch Vitalstoffe, zeichnet sich aber durch längere Haltbarkeit und seine einfache und erstklassige Backfähigkeit aus. Wer luftig leichtes und lockeres Gebäck bevorzugt, wird mit der Verwendung von

Weißmehl seine Freude haben. Auch für Gebäck, das in Fett herausgebacken wird, sollte man Weißmehl verwenden, da z.B. Krapfen, die mit Vollkornmehl gebacken wurden, sehr viel Fett aufsaugen. Auch Dinkel, Einkorn, Emmer und Kamut sind – wie Weich- und Hartweizen – im Grunde Weizensorten, werden hier aber extra beschrieben.

Dinkel

Dinkel erlebt seit einigen Jahren eine Renaissance und wird gegenwärtig bei uns wieder vermehrt angebaut. Sein Plus: Er eignet sich bestens für den biologischen Anbau.
Dinkel ist nicht glutenfrei und daher nicht für die Ernährung bei Zöliakie geeignet.

Dinkel zeichnet sich durch sehr gute Backeigenschaften aus, die jedoch nicht ganz an jene von herkömmlichem Weizen heranreichen. Dinkelbackwaren bleiben weniger lang frisch und trocknen nach kurzer Zeit aus. Dafür ist Dinkel mit seinem herzhaft nussartigen Geschmack deutlich aromatischer als herkömmlicher Weizen.
Hervorzuheben sind seine wertvollen Eiweißbausteine, hohe Anteile an ungesättigten Fettsäuren, Zink und Kieselsäure. Der Genuss von Dinkelvollkorn wirkt unter anderem positiv auf Abwehrkräfte, Herz und Hirn sowie Haut und Haar.

Einkorn

Einkorn ist zusammen mit Emmer eine der ältesten kultivierten Getreidearten. Ein hoher Gehalt an Beta-Carotin gibt dem Einkornmehl eine gelbliche Farbe. Für reine Einkornbrote empfehle ich Sauerteig als Backtriebmittel und rate zur Verwendung von Backformen.

Emmer

Auch Emmer hat – wie die anderen Urgetreide – einen unverwechselbaren Geschmack und ist somit eine Bereicherung für jeden Genießer. Er hat einen sehr hohen Gehalt an Eisen und einen deutlich höheren Eiweißanteil als Weizen. Kurzes Kneten und lange Gehzeit vorausgesetzt, lassen sich mit etwas Übung und Geschick sehr aromatische Germ- oder Sauerteigbrote herstellen.

Kamut

Kamut, ein ägyptischer „Urahn" des Hartweizens, hat in letzter Zeit wieder von sich reden gemacht. Er wird im Bio-Landbau angebaut und zeichnet sich durch seinen feinen, nussig-buttrigen Geschmack aus. Zudem ist er randvoll mit Mineralstoffen wie Magnesium und Selen. Als Weizenersatz mag er bei manchem Allergiker eine bessere Verträglichkeit aufweisen.

Waldstaude

Auch unser heutiger Roggen hat natürlich seine „Vorfahren". Die Waldstaude wird heute wieder im Bio-Landbau angebaut und setzt mit ihrem dunklen, ballast- und vitalstoffreichen Mehl und dem intensiven, leicht süßlichen Geschmack Akzente.

Roggen

Neben Weizen ist es nur noch der Roggen, der rund um den Globus zum Backen von Brot Verwendung findet. Jedoch unterscheiden sich die Backeigenschaften der beiden grundlegend voneinander. Der Teig für reine Roggenbrote (z.B. Pumpernickel) muss jedenfalls gesäuert werden. Wegen der etwas schwierigen Verarbeitung mischt man Roggenmehl häufig mit anderen Mehlen. Roggen wächst auch unter schwierigen Bedingungen und in großen Höhen. Seine Widerstandskraft kann man in Form von herzhaftem Brot und Gebäck in sich aufnehmen. Hildegard von Bingen schreibt, er würde gesunde Menschen stark und kräftig machen sowie das Fettgewebe vermindern. Das bestätigt sich heute durch wissenschaftliche Untersuchungen, z.B. zum Glykämischen Index: Genießen Sie eine Scheibe Roggenvollkornbrot und Sie erhalten einen konstante Zufluss von Energie und Kraft bei einem zugleich länger anhaltenden Sättigungsgefühl.

Ich backe gerne ein Roggen- oder ein Roggenmischbrot. Wenn auch Sie erstmals darangehen wollen, Roggenbrot zu backen, dürfen Sie sich also zunächst in die Sauerteig-Schule begeben und mit seiner Herstellung vertraut machen. Roggenbrote haben zwar meist keine locker-leichte Krume wie Weizenbrote, dafür bleibt dieses saftig-aromatische Brot unter seiner herrlich knusprigen Kruste über lange Zeit frisch. Klassisch gebacken, kommt ein Roggenbrot nur mit Wasser und Salz ohne weitere Zutaten aus. Ich möchte Sie ermuntern, Ihre Ideen einfließen zu lassen, hin und wieder selbstgebackenes Brot mit anderen Gewürzen als dem altbewährten Kümmel zu verfeinern und (wer mag) die Aromenvielfalt von Saaten und Kernen einzubringen.

Getreidemühlen

Wer gerne regelmäßig Brot oder Vollkorngebäck bäckt, wird früher oder später auch an den Kauf einer Getreidemühle denken. Zur Auswahl steht eine Fülle an Modellen mit unterschiedlichen Funktionen und Ausführungen, damit jeder auch die für seinen Bedarf geeignete Mühle finden kann.

Daher kann ich auch keine Empfehlung abgeben, sondern Ihnen nur wichtige Punkte aufzeigen, die Sie in die Kaufentscheidung für Ihre Getreidemühle einbeziehen sollten. Sie sollten aber bedenken, dass – wie bei allen Küchengeräten – auch die Getreidemühle meist nur dann regelmäßig zum Einsatz kommt, wenn sie einsatzbereit in der Küche steht.

- Menge des zu vermahlenden Getreides
- Eignung für ölhaltige Saaten wie Leinsamen und Sesam
- Lautstärke im Mahlbetrieb

- Optik der Mühle
- Verwendung natürlicher Materialen
- Elektrischer Antrieb oder Handmühle
- Motor- und Mahlleistung
- Kombimühle zum Flockenquetschen
- Garantie und Kundendienst
- Glutenfrei eingemahlene Mühle
- Preis-Leistungs-Verhältnis

Lassen Sie sich von einem Fachmann umfassend beraten, dann werden Sie viele Jahre Freude mit Ihrer Getreidemühle haben. Ich habe mich vor einigen Jahren für den Kauf einer Osttiroler Getreidemühle „Rondella“ entschieden, die zuverlässig mein Mehl mahlt.

Mehlvielfalt – Typen

Die unterschiedlichen Koch- und Backtraditionen in den Regionen Europas haben eine unerreichte Vielfalt an Brot und Gebäck, Kuchen und Keksen, Back- und Teigwaren hervorgebracht. Dies wäre nicht so, würde alles einfach aus einem einzigen Standardmehl gebacken werden. Wie finden Sie nun die passende Type?

Eine Mehltype kennzeichnet den Mineralstoffgehalt eines Mehles der nach dem Verbrennen im Veraschungsofen übrig bleibt. Die Typenzahl gibt dabei letztlich auch an, ob ein Mehl mehr (dann hat es eine umso höhere Typenzahl) oder weniger Anteile an Randschichten eines Getreidekorns enthält, weil hier die meisten Mineralstoffe enthalten sind. Vollkornmehle haben keine Typenzahl, da in ihnen immer ihr voller, natürlicher Mineralstoffanteil enthalten ist.

Über die unten angeführten Typenzahlen hinaus gibt es noch weitere Mehltypen, die meist nur in Bäckereien eingesetzt werden.

In Österreich werden Mehle zudem nach der Größe der Mehlteilchen einge-

teilt, ansteigend in glatt, universal, griffig und doppelgriffig. In Deutschland kommt glattes Mehl ohne Bezeichnung in den Handel, teilweise entspricht das deutsche „Spätzlemehl“ dem griffigen Mehl, das „Dunstmehl“ dem doppelgriffigen.

Für in Dampf und Wasser gegarte Teige verwendet man gerne zur Hälfte griffiges und zur Hälfte glattes Mehl. Spezielle Zutaten oder der Wunsch nach einem „kernigeren“ Geschmack durch griffiges Mehl (z.B. in Pizza) rechtfertigen aber auch eine von der Norm abweichende Verwendung.

Im Buch gebe ich bei einigen Rezepten meine Empfehlung zur Type (ich verwende jeweils die österreichische Typenzahl) an. Dort, wo keine Type angegeben ist, können Sie diese frei wählen.

Tabelle Weizenmehle

Österreich	Deutschland	Beschreibung
Weizenmehl Type W 480	Weizenmehl Type 405	Klassisches Haushalts- bzw. Kuchenmehl (Weißmehl), mit guten Backeigenschaften und neutralem Geschmack, für Torten, Kuchen und Kekse aus Biskuit-, Mürbe-, Sand- und natürlich auch Germteig (speziell für Plunderteig).
Weizenmehl Type W 700	Weizenmehl Type 550	Backstark (mit höchsten Klebereigenschaften) und vielseitig einsetzbar, für viele Brotsorten und Gebäck aus feinporigem, lockerem Germ- und Blätterteig.
Weizenmehl Type W 1600	Weizenmehl Type 1050	Wirkt dunkler („braunes Mehl"), mit einem kräftigeren, kernigen Geschmack, z.B. für „Graubrot".
Weizenmehl Type 1700	Weizenmehl Type 1700	Ohne Weizenkeim, nur grob zerkleinert, für Vollkornbrote.
Weizenvollkornschrot	Weizenvollkornschrot	Nur grob zerkleinert, für Vollkornbrote oder zum Einstreuen in helle Mehlrezepte.
Weizenvollkornmehl	Weizenvollkornmehl	Mehlfein vermahlen, enthält dennoch sämtliche Bestandteile des vollen Weizenkorns, für Vollkornbackwaren mit relativ lockerer Krume.

Tabelle Roggenmehle

Österreich	Deutschland	Beschreibung
Roggenmehl Type R 500	Roggenmehl Type 815	„Fein“, das hellste Roggenmehl, am häufigsten im Haushalt eingesetzt.
Roggenmehl Type R 960	Roggenmehl Type 997 bzw. Type 1150	„Normal“, in Verbindung mit Weizenmehl, für Mischbrote.
Roggenvollkornschrot Type 1800	Roggenvollkornschrot Type 1800	Grundlage für Vollkornbrote („Schwarzbrote“).

Dinkelmehle

Sind in den Typen 630, 812 und 1050 erhältlich und können ähnlich wie Weizenmehltypen eingesetzt werden.

Mein kleines Germteig-ABC

A – Alleskönner

Ganz gleich, ob Sie aus Germteig pikante oder süße Backwaren zaubern, kleine Krapferl oder Riesenpizzen formen, gehaltvolle Hauptspeisen oder feine Desserts bereiten, seine Vielfältigkeit wird auch Sie begeistern. Zudem stellt Germteig keine Ansprüche an seine Zutaten. Er gelingt mit vergleichsweise wenig Fett-, Ei- und Zuckerzusatz und hat umso mehr Platz für andere vollmundige Zutaten – Ihrer Phantasie sind hier keine Grenzen gesetzt.

B – Vitamin B-Komplex

Nicht nur in Brotgetreiden sind Vitamine aus der B-Familie reichlich vorhanden. Auch der Germ hat's in sich! Sein Mix an wärmestabilen B-Vitaminen unterstützt einen reibungslosen Stoffwechsel sowie strapazierte Muskeln und Nerven.

C – Creme

Ob Butter- oder Puddingcreme, aufgrund seines dezenten Eigengeschmacks harmonieren sowohl feine, süße Cremes als auch pikante Saucen hervorragend mit Germteig.

D – Dinkel

Dinkel sei „das beste Korn" und mache ein „frohes Gemüt". So kann man es bei der heiligen (und heilkundigen) Hildegard von Bingen lesen. Er ist insbesondere auch eine Wohltat für manche Weizenallergiker, die bei seinem Genuss selten Reaktionen zeigen.

E – Erfolg

Trauen Sie sich, als Germ- und Sauerteig-Neuling auch zu scheitern. Sobald Sie mit seinem Wesen vertraut sind, werden Sie mit Erfolg in Form von köstlichen Bäckereien, eigenen Strudelkreationen oder duftenden Broten, aber auch mit Anerkennung belohnt.

F – Freude
Eine wichtige Zutat bei allen Rezepten ist die Freude an der Arbeit mit Germteig. Und während er noch in einer warmen Ecke aufgeht, dürfen Sie sich schon auf das Ergebnis und die Freude in den Augen Ihrer Familie freuen.

G – 42 g
Das Gewicht eines Germwürfels von 42 g resultiert noch aus der Tradition, dass früher ein Bäcker seinen 1/2-Kilo-Block (plus 1 % Gutgewicht) zum Weiterverkauf an seine KundInnen in 12 gleiche Stücke teilte. Außerdem passt diese Haushaltsgröße perfekt in viele Backrezepte mit 500 g Mehl.

H – Haltbarkeit
Die Haltbarkeit von Backwaren aus Germ- und Sauerteig hängt nicht nur von den verwendeten Mehlen – Roggen(-misch)brote sind beispielsweise länger haltbar – und den anderen Zutaten ab, sondern auch von der idealen Lagerung.

H – Hefen
Backhefen sind lebende Pilze, die sich durch den Prozess der Knospung vermehren. Als Backtriebmittel vergären sie Zucker und andere Kohlenhydrate zu Alkohol und gasförmigem Kohlendioxid, das dem Teig seine Luftigkeit beschert. Bei Teig-Temperaturen von 25–35 °C sind Hefen besonders aktiv und vermehren sich am schnellsten. Auch Feuchtigkeit fördert ihre Aktivität. Getrocknete Hefen müssen erst durch Flüssigkeit wieder „zum Leben erweckt" werden.

I – Ideenreichtum
Hat man den Grundteig im Griff, entwickelt man auch eigene Ideen und variiert mit den angeführten Rezepten.

J – Joghurt
Joghurt eignet sich hervorragend anstelle von Milch zur Herstellung von Germteig – er wird dann besonders locker. Buttermilch oder Molke verstärken ebenfalls die Triebkraft. Diesen Tipp habe ich noch von meinem ersten Arbeitgeber und Chef Helmut Schatzmann, ehemals Süßwarenfabrikant.

K – Kneten
Das Kneten können Sie vertrauensvoll (auf niedriger Stufe) Ihrer Küchenmaschine überlassen. Dadurch baut sich der Kleber auf, der die Gärbläschen im Teig hält. 10 Minuten sind dafür meist ausreichend.

L – Lagerung
Brot bleibt länger frisch, wenn es an der Luft oder in luftdurchlässigen Materialien (Papier, Tuch, Holz, Steingut) bei etwa 15–20 °C gelagert wird. Bitte nicht im Kühlschrank oder gar luftdicht im Plastiksack aufbewahren.

M – Mahlen
Eine Fülle an Mehlsorten lässt viele Varianten an unterschiedlichem Gebäck mit dem gleichen Ausgangsrezept zu.

N – Nüsse
Germteig harmoniert besonders gut mit Nüssen, herrlich schmecken Nussstollen oder Nussbrot.

O – Ofen
Wer viel bäckt, sollte sich mit der Temperatur des eigenen Ofens vertraut machen, nicht immer haben die Backrohre nach einiger Zeit noch die Temperatur, die am Regler angegeben ist.

P – Plunderteig
Gebäck aus Plunderteig ist nicht nur bei Kindern äußerst beliebt, sondern auch mein persönlicher Favorit, wenn ich Besuch erwarte. Nach Abschluss der Zubereitung stelle ich die Teigstückchen an einen kühlen Ort. Erst wenn die Gäste da sind, kommen sie in den Ofen und die Gastgeberin kann mit frischem, herrlich duftendem Gebäck aufwarten.

Q – Qualität
Achten Sie beim Kauf von Zutaten auf Qualität. Als Konsument haben Sie es in der Hand, regional, ökologisch und fair einzukaufen. Heimische und saisonale Erzeugnisse sind frisch, gesund und auch günstig. Zudem zeichnen sie sich durch einen besseren Geschmack aus.

R – Roggen
Vorbei sind die Zeiten, als dunkles Brot geringschätzig als rückständig und ländlich galt und Brot aus Weißmehl noch Statussymbol einer modernen Oberschicht war. Untersuchungen zu den gesundheitsförderlichen Aspekten von Roggen sprechen eine deutliche Sprache: Esst wieder mehr Roggenbrot!

S – Salz
Salz verzögert mitunter den Trieb des Germteigs, da es bei Kontakt Hefepilzen ihr Wasser entzieht. Daher sollte eine direkte Berührung dieser beiden Zutaten vermieden werden oder geben Sie dem Dampfl gar kein – sondern erst später dem Teig – Salz zu. Achten Sie auch beim Salz als wichtigem Geschmacksträger auf gute Qualität. Wer einmal Natursalz (egal, ob aus dem Meer oder den Alpen) im Vergleich zu Kochsalz probiert hat, weiß, was ich meine.

T – Triebkraft
Was tun, wenn Frischgerm doch nicht mehr ganz frisch ist (zu erkennen an der Brüchigkeit und bräunlichen Farbe)? Geben Sie diesen Germ in ein Glas warmes Wasser. Steigt er alsbald hoch, ist seine Triebkraft noch nicht verloren und Sie können ihn noch verwenden.

U – Urgetreide
Alle meine Vollkorn-Rezepte können auch mit den Mehlen alter Sorten – mit wechselnden Aromen – zubereitet werden. Ich empfehle jedoch, einen Viertel-Anteil aus Dinkelmehl unterzumischen. Mein Buch-Tipp für jene, die sich ausführlicher dem Kochen mit Urgetreiden widmen möchten: *Das neue Getreidekochbuch* von Helma Hamader und Johann Reisinger.

V – Vollkorn
Ursprünglich wurde jedes Mehl aus dem ganzen Getreidekorn und all seinen Inhaltsstoffen hergestellt. Bedingt durch den Fettgehalt des Keimlings verkürzt sich die Haltbarkeit von Vollkornmehlen und sie können ranzig werden, wenn sie nicht kalt gelagert werden. Daher am besten selbst mahlen und gleich frisch verwenden. Übrigens: Ein fein gemahlenes Vollkornmehl eignet sich für fast alle Backanwendungen. Wichtig ist nur, Vollkornteige etwas feuchter zu halten als Weißmehlteige.

W – Wiederholung
Um einen Teig gut in den Griff zu bekommen, lohnt es sich, ihn in kürzeren Abständen mehrmals zuzubereiten und zu experimentieren, bis man den perfekten Grundteig hat. Germteig ist der wohl am vielseitigsten zu verwendende Teig überhaupt. Er braucht aber auch am meisten Gefühl bei der Herstellung, weil die Flüssigkeitsmenge oft variiert und man die Zutaten zwar abwiegen kann, aber auch noch immer Fingerspitzengefühl braucht.

X – eXtra-Tipp
Damit von Hand geschlagener Germteig eine gleichmäßige Struktur bekommt, nehmen Sie lieber etwas mehr Flüssigkeit und bereiten so einen anfangs weichen Teig zu. Andererseits müssen Sie auch darauf achten, dass Ihr Germteig nicht zu trocken gerät, indem Sie zu viel Streumehl einarbeiten. Am besten verhindern Sie das dadurch, indem Sie den Teigschluss immer oben halten, damit nur die Teighaut mit der Arbeitsfläche in Berührung kommt.

Z – Zugluft
Worum geht es, wenn Sie in Germteig-Rezepten (so oder so ähnlich) lesen „... und mit einem Tuch zugedeckt gehen lassen“? Es geht um einen essentiell wichtigen Punkt zum Gelingen von Germteig: Er darf keine Zugluft bekommen! Ist die Masse auf die doppelte Größe angewachsen, gilt weiterhin: Kein Luftzug! Also auch anschließend heißt es, Fenster und Türen (wieder) geschlossen halten. Achten Sie darauf!

Zum Abschluss noch eine Anekdote zum Thema Zugluft: Was auch immer vonnöten ist, um ein guter Germteig-Bäcker zu werden, man kann es nur zu einem Teil aus Büchern lernen. Denn das Vertrauen, dass mein Germteig unter allen Umständen gelingt, muss ich mir erarbeiten. So wie jene Salzburger Bäuerin, die auch noch bei der zugigsten (Zelt-)Veranstaltung ihre „Germblattln“ und „Brezn“ bäckt, die unverschämt gut schmecken. „Wichtig ist nur, dass man weiß, dass es gelingt“, meint sie lächelnd.

Germteig

Meine kleine Germteig-Schule

Erinnern Sie sich noch an die Fahrschule und Ihre Führerscheinprüfung? Da mussten Sie sich auch zuerst mit einem theoretischen Teil auseinandersetzen, ehe Sie Ihre neuen Fähigkeiten in die Praxis umsetzen konnten. Sie müssen das Germteig-ABC aus diesem Buch nicht auswendig aufsagen können und eine abschließende Prüfung gibt es auch nicht in meiner kleinen Germteig-Schule. Dafür aber viel Freude, wenn Ihnen ein Germteig gut gelungen ist. Drücken Sie noch einmal die Schulbank – ein Besuch lohnt sich. Denn die Schritt-für-Schritt-Vermittlung des Lernstoffs garantiert praktischen Erfolg. Den Germteig schlechthin gibt es nicht. Unter dieser Bezeichnung werden viele verschiedene Teige mit durchaus unterschiedlichen Eigenschaften zusammengefasst. Einzige Gemeinsamkeit: Die Lockerung des Teigs erfolgt durch den Stoffwechsel des Hefepilzes. Und dazu benötigt er Zeit, man sagt, der Teig muss „gehen".

Hier nun zunächst die Theorie zum Germteig-Führerschein:

1. **Teigkunde: Auswahl der Zubereitung**
   Germteig kann auf verschiedene Arten angesetzt werden. Nicht alle erfordern die Verwendung angewärmter, handwarmer Zutaten. „Kalt geführter Germteig" wird bewusst – dann aber auch konsequent – mit kalten Zutaten zubereitet.
   Prinzipiell unterscheidet man die gleichzeitige Verarbeitung aller Zutaten ohne Verwendung eines Vorteigs („Schneller Germteig") und die häufiger verwendete Methode, zunächst ein Dampfl anzusetzen („Feiner Germteig"). Spezielle Backwaren werden auch mit einer für sie typischen und Geschmack bestimmenden Teigführung zubereitet. Beispiele dafür sind Baguetteteig, Ciabattateig, Stollenteig und Plunderteig. Dem Plunderteig widmen wir uns noch in einem eigenen Abschnitt.

2. **Warenkunde: Auswahl der richtigen Zutaten**
   Falls Sie die Abschnitte zu Getreide und Mehlen übersprungen haben, lesen Sie erst dort nach (siehe Seite 12 bis 19).

- Germ

  Backhefen werden als Presshefe (Frischhefe, Frischgerm) in Würfelform und als Trockengerm im Beutel angeboten. Ich habe mit beiden Produkten gute Erfahrungen gemacht. Frischgerm erzielt zwar meist eine größere Lockerung im Teig und gefällt auch durch den besseren Geschmack (alter Germ schmeckt jedoch bitter), Trockengerm ist aber haltbarer und einfacher zu verarbeiten. Vor der Entscheidung „Frisch- oder Trockengerm" steht das Kriterium der Triebkraft: Mit altem Germ werden Sie die Gärung nicht in Schwung bringen. Verwenden Sie also nur frischen Germ. Die volle Triebkraft von Frischgerm bleibt im Kühlschrank etwa zwei Wochen erhalten. Auch Trockengerm sollten Sie nicht über das Haltbarkeitsdatum hinaus verwenden. Ein Würfel Frischgerm (42 g) entspricht einer Packung Trockengerm.

  Ich verwende sowohl Frisch- als auch Trockengerm in meinen Rezepten abhängig von der Teigzubereitung und den restlichen Zutaten. Beispielsweise ist für Teige mit hohem Fett- und Eigehalt Frischgerm für mich ein Muss.

  Tipp: Für den Fall, dass Sie einmal unvorhergesehen backen möchten, sollte auch immer etwas Trockengerm im Haus sein.

  Hinweis: Die konventionelle Herstellung von Germ führt zu hohen Umweltbelastungen, weil dabei große Mengen Wasser verbraucht und verunreinigt werden. Ganz anders – und daher äußerst umweltschonend – verläuft die Herstellung von Bio-Germ. Dies rechtfertigt für mich den höheren Preis. Außerdem verwenden die Bio-Hersteller nur „alte" Hefestämme, die gentechnisch nicht verändert wurden.

- Butter

  Butter ist „rehabilitiert", Margarine nur noch zweite Wahl. Butter verleiht dem Germteig einen feinsahnigen Geschmack.

- Eier
  Für einen besonders zarten Germteig verwenden Sie vom Ei nur den Eidotter. Eiklar macht den Teig trockener.

- Salz
  Auf Salz kann beim Backen mit Germteig nicht verzichtet werden, da dies zu einem unbefriedigenden Back- und auch Geschmacksergebnis führen würde. Umso wichtiger ist es, auch beim Salz auf den gesunden Unterschied zu achten: Ich verwende in meiner Küche kein Kochsalz mehr. Greifen auch Sie zu naturbelassenen Alternativen.

Achten Sie bei allen Zutaten auf gute und frische Qualität. „Bio“ und „fair“ sind ihren Preis wert. Durch eine bewusstere Ernährung werden Sie im Endeffekt dennoch sparen.

3. Die richtig temperierte Teigbereitung

Die Teigbereitung von kalt geführtem Germteig verlangt kein Erwärmen der Zutaten. Im Gegenteil: Zwischen den einzelnen Verarbeitungsschritten wird der Teig kalt gestellt. (siehe „Meine kleine Plunderteig-Schule“ Seite 62). Üblicherweise werden die Hefen aber durch Zufuhr von feuchter Wärme zum Wachstum ermuntert. „Handwarm“ sollte alles am besten sein. Das erreicht man, indem man die Zutaten rechtzeitig aus dem Kühlschrank holt und durch Erwärmen der flüssigen Zugaben wie Wasser, Milch, Molke, Butter (diese dürfen aber keinesfalls heiß sein, weil sie sonst die Hefen töten) die gewünschte Teigtemperatur erzielt.

Tipp (für Mühlenbesitzer): Getreide erst kurz vor der Verwendung mahlen, da es sich durch den Mahlvorgang erwärmt.

Hinweis:

- Schüsseln und Geschirrtücher zumindest auf Raumtemperatur bringen.
- Fenster geschlossen halten, Zugluft schadet dem Teig.
- Und nicht zuletzt auf warme Hände achten.

4. Das Dampfl

Germteig muss mindestens zwei Mal gehen. Durch einen Vorteig (andere Bezeichnungen: Dampfl, Hefestück, Hebel), in dem der Germ mit warmer Flüssigkeit, Zucker und etwas Mehl verrührt wird, erhält man eine zusätzliche Gärphase. Das Dampfl ist nicht unbedingt erforderlich (siehe „Schneller Germteig“ Seite 31), doch kommt es nach Jahren der Bequemlichkeit wieder in Mode – nicht zuletzt aus geschmacklichen Gründen. Mit einem Dampfl überprüft man zum einen die Triebkraft des Germs, zum anderen kann der Wachstumsprozess der Hefen unter optimalen Bedingungen gestartet werden. Dies gelingt, indem man einem Dampfl niemals Salz, Fett oder Eier beifügt. Abschließend das Dampfl mit Mehl bestreuen und an einem warmen Ort gehen lassen, bis sich Poren bzw. Risse in der Masse zeigen (ca. 30 Minuten).

5. Die Gehzeit: die erste Gärphase

Nachdem Sie einen schnellen Germteig bereitet oder das fertige Dampfl mit den restlichen Zutaten zu einem feinen Germteig geknetet haben, ist es Zeit für die Gehzeit. Bedecken Sie die Rührschüssel mit einem Tuch oder verwenden Sie eine verschließbare Germteigschüssel. Den Germteig an einem warmen Ort gehen lassen, bis sich sein Volumen verdoppelt hat. Abhängig von Faktoren wie Dampfl, Menge und Frische der Hefen, Temperaturen im Herstellungsprozess, Fettgehalt des Teigs etc. dauert dies mal kürzer, mal länger, zumindest aber 30 Minuten, in der Regel eher 1 Stunde.

Tipp: Die Gärung kann man beschleunigen, indem man die Germteigschüssel in warmes Wasser stellt. Ein anderer guter Platz für den fertigen Germteig ist der auf niedrigster Stufe vorgeheizte Ofen. Beim Gehenlassen aber wieder ganz ausschalten. Einen besonders feinporigen Teig erhält man, wenn der Vorgang wiederholt wird, man den Germteig nach dem Gehen etwas zusammenknetet und nochmals auf die doppelte Größe anwachsen lässt.

6. Das Formen der Backwaren

Auch hier gilt: Übung macht den Meister. Wer von Beginn an trotz mangelnder Routine Gebäck in gleicher Größe haben möchte, kann sich mit dem Abwiegen von Teigstücken oder dem Lineal bei ausgerollten Teigen behelfen. Das Schleifen von Bällchen für Krapfen oder Kleingebäck erfordert ebenfalls Übung, ist aber eine Grundvoraussetzung für das gute Aufgehen des Gebäcks. Beim Selberbacken können Sie natürlich die Größen ganz nach Ihren Vorstellungen variieren, ob kleines Ajourgebäck für kleine Gäste oder großes Nusskipferl für die große Pause. Ist das Gebäck in Form, kommt es auf ein befettes, bemehltes Backblech oder in die entsprechende Backform. Für Plunderteiggebäck muss das Backblech nur mit Wasser besprüht werden.

7. Die Stückgare: die zweite Gärphase vor dem Backen

Nach dem Formen des Gebäcks darf der Germteig nochmals etwa 30 Minuten gehen. Das Gebäck mit einem warmen Küchentuch abdecken. Bei sehr trockener Luft, wie z.B. im Winter, auch mit Alufolie abdecken, um ein Austrocknen zu verhindern.

8. Das Backen

Schieben Sie das Backblech bzw. die Backform erst dann in den Ofen, wenn sich der Teig darauf bzw. darin in der letzten halben Stunde deutlich vergrößert hat. Sonst warten Sie besser noch zu. Denn die in den Rezepten genannten Gehzeiten können immer nur ein Anhaltspunkt sein.
Je stärker ein Teig gegangen ist, umso heißer backt man ihn in den ersten 5–10 Minuten an. Brote beispielsweise mit 230 °C und mehr. Danach reduziert man auf die Ausbacktemperatur. Germteig, der noch nicht voll aufgegangen ist, wird nicht zu heiß angebacken, damit er im Ofen noch die Chance auf Nachtrieb bekommt.
Dem Backvorgang sollte durchaus einige Aufmerksamkeit geschenkt werden. Die angegebenen Ofentemperaturen sind Richtwerte. Außerdem kann die Temperatur im Ofen (insbesondere bei älteren Geräten) von der Einstellung deutlich abweichen. Ein eigenes Thema ist das Backen im Holzofen. Das braucht in erster Linie viel Erfahrung und Gefühl. Aber es lohnt sich. Wer einen Holzofenbäcker in seiner Umgebung weiß, sollte den besonderen Geschmacksunterschied einmal ausprobieren.

Tipp: Notieren Sie sich anfangs bei jedem Backwerk die Temperatureinstellungen Ihres Ofens und die dazugehörigen Backzeiten und lernen Sie so, durch Abwandlung jeweils die optimale Temperaturregelung und Backdauer zu finden.

Da selbstgemachtes Gebäck keine Standardgröße hat und auch die Konsistenz des Teigs nicht immer gleichmäßig gelingt, bleibt auch beim Backen ein gewisses Fingerspitzengefühl unerlässlich.

Tipp: Heißluft ist nur beim Backen von Plunderteig vorteilhaft. Andere Germteige bleiben saftiger, wenn Sie nur mit Ober-/Unterhitze backen.
Auch wenn Sie keinen Dampfbackofen besitzen: Machen Sie sich die Vorteile von Wasserdampf zu Beginn des Backvorganges zunutze. Während des Anbackens hält er die Oberfläche des Teigs elastisch und begünstigt so das gleichmäßige Aufgehen im Ofen. Dafür lassen Sie z.B. Wasser auf einem Backblech verdampfen oder sprühen Wassernebel mit einer Blumenspritze in den heißen Ofen.

9. Das fertige Backwerk

Die Backtemperaturen stimmen, die Farbe des Teigs zeigt an, dass das Gebäck wahrscheinlich ausgebacken ist. Sicher? Machen Sie die Probe: Dazu sticht man mit einem dünnen Holzstäbchen in das Gebäck. Kleben noch Teigreste daran, wandert es zurück in den Ofen. Ein gut durchgebackenes Brot klingt hohl. Machen Sie die Klopfprobe.

Tipp: Fertige Germteig-Backwaren immer nur langsam abkühlen lassen. Erst nach dem Abkühlen aufschneiden (z.B. Strudel).
Gebäck nie auf Backblech oder Keramik abkühlen lassen, da die Feuchtigkeit so nicht entweichen kann und der Teig speckig wird. Herausgebackenes auf Küchenpapier abtropfen lassen. Buchteln und Milchbrot mit einem Küchentuch abdecken. Brot mit warmem Wasser besprühen.

10. Lagerung – wenn Sie nicht alles auf einmal verspeisen können

Bei vielen Köstlichkeiten aus Germteig wird sich die Frage der Lagerung gar nicht erst stellen. Sie haben einen Zwetschkenkuchen für den Kindergeburtstag gebacken und hoffen, dass fürs Teekränzchen am Sonntag noch etwas übrig bleibt? Ein frommer Wunsch.
Prinzipiell lassen sich Backwaren aus Germteig gut lagern und – wenn es sein muss – sogar einfrieren, Brot z.B. bis zu 3 Monaten: Nach dem Auskühlen in Scheiben schneiden, in Gefrierbeutel packen und tiefkühlen.

Tipp: Krapfen und Buchteln vom Vortag stehen nach 1/2–1 Minute in der Mikrowelle wieder wunderbar weich und duftend am Tisch.
Älteres Plundergebäck vor dem Servieren nochmals kurz ins heiße Rohr schieben und es schmeckt wie frisch gebacken.

Schneller Germteig

Grundteig schneller Germteig

500 g Weizenmehl
1 Pkg. Trockengerm
250 ml warmes Wasser
1/2 TL Salz

Kalt geführter Germteig:
Wenn ich einen kalt geführten Germteig benötige (manchmal soll der Teig ja nicht während der Verarbeitung aufgehen, sondern erst später, wie beispielsweise Plunderteig), dann wähle ich für mich auch die Variante des schnellen Germteigs mit Trockengerm. Dafür müssen Sie nur „vergessen", dass Germteig Wärme benötigt. Wasser und Milch bleiben – wie alle anderen Zutaten – kalt. Bei dieser Art der Zubereitung sind natürlich längere Gehzeiten nötig. Dies gibt dem kalt geführten Germteig jedoch eine besonders feinporige Struktur.

Nun aber endlich zur Praxis und damit schon zu einer ersten – nicht allzu schwierigen – Reifeprüfung: dem schnellen Germteig. Er eignet sich für viele Varianten von Pizzen und Weckerln aus Weißmehl, Kuchenböden und Baguettes.
Schneller Germteig ist für Beginner in der Germteig-Schule ein guter Weg, um sich mit der Zubereitung vertraut zu machen. Es ist wirklich einfach und das schafft Vertrauen, sich auch an größere Herausforderungen zu wagen.
Und damit es noch unkomplizierter wird, beschreibe ich die Zubereitung mit Trockengerm. Das schafft jeder!

Grundrezept Germteig

- Alle Zutaten müssen handwarm sein.
- Mehl mit Trockengerm verrühren.

- Salz einrühren (bei den komplexeren Rezepten kommen an dieser Stelle auch die anderen Zutaten, wie Butter, Zucker, Ei etc., hinzu).

- Warmes Wasser (nicht heiß!) einrühren, bis ein weicher Teig entsteht.

- Etwa zehn Minuten kneten (lassen), bis ein glatter Teig entsteht, der sich gut vom Schüsselrand löst.
- Den fertigen Teig zugedeckt an einem warmen Ort gehen lassen, bis er sein Volumen verdoppelt hat (am besten eignet sich dafür eine Germteigschüssel).

- Fertig! Daraus lassen sich z.B. einfache Weißbrote backen: kurz durcharbeiten, Gebäck formen, auf dem Backblech weitere 30 Minuten gehen lassen und danach backen.

Feiner Germteig

Grundteig feiner Germteig

500 g Weizenmehl
300 ml Milch
70 g Butter
3 Eidotter
50 g Zucker
1/2 TL Salz

Für das Dampfl:

1 TL Zucker
3 TL Mehl
3 EL warme Milch
1 Germwürfel (Frischgerm)

Variationen

· Zubereitung des Dampfls anstelle von Zucker mit 1 EL Honig
· Zubereitung des Grundteigs mit Buttermilch, Joghurt, Molke oder Wasser

Sie lieben feines, weiches Germteiggebäck wie Milchbrot, Krapfen oder Buchteln? Dann lohnt es sich, Germteig mit einem Dampfl und Frischgerm (Germwürfel) zuzubereiten (ich nehme solche in Bio-Qualität). Im Vergleich zur Zubereitung mit Trockengerm ist der (Zeit-) Aufwand zwar etwas höher, man wird jedoch mit einem sehr feinen, luftigen und weichen Gebäck belohnt.

• 500 g Weizenmehl in eine Schüssel geben. In die Mitte eine Mulde drücken.

• Germ in 3 EL warmer Milch auflösen, Zucker dazugeben. Milchmischung in die Mitte der Mulde geben und mit 3 TL Mehl verrühren.

• In einer Schüssel zugedeckt 30 Minuten an einem warmen Ort gehen lassen.

• Für den Hauptteig Butter in einem Topf zerlassen, mit Milch aufgießen, von der Herdplatte nehmen.

• Eidotter in die Mulde geben.

• Zucker und Salz in das Butter-Milch-Gemisch einrühren (die Mischung sollte handwarm sein). Flüssigkeit unters Mehl kneten.

• Den Teig gut abschlagen, bis er seidig glänzend und glatt ist.

• Den Teig in eine Schüssel geben und zugedeckt an einem warmen Ort gehen lassen, bis sich sein Volumen verdoppelt hat.

Mehlspeisen aus Germteig

Flaumiger Butterkuchen

Zutaten für 1 Backblech

500 g griffiges
Weizenmehl W 480
1 Pkg. Trockengerm
275 ml Milch
100 g Zucker
75 g Butter
1 Eidotter
etwas Salz

Für den Belag:
120 g Butter
250 g Mascarpone
120 g Zucker

200 g Mandelblättchen
zum Bestreuen

Aus den angeführten Zutaten einen weichen, schnellen Germteig bereiten. Den Teig zugedeckt an einem warmen Ort gehen lassen, bis er sein Volumen verdoppelt hat.

Für den Belag in der Zwischenzeit Butter aus dem Kühlschrank nehmen. Butter mit dem Mixer flaumig rühren und mit Mascarpone und Zucker abrühren.

Teig ausrollen und auf ein befettetes, bemehltes Backblech legen. Mit einem Kochlöffelstiel in Abständen von ca. 2 cm Mulden von ca. 1 cm Tiefe in den Teig machen. In jede Mulde 1 EL voll Mascarponecreme setzen. Kuchen mit Mandelblättchen bestreuen. Backrohr (Ober-/Unterhitze) auf 180 °C vorheizen. Backblech einschieben und den Butterkuchen ca. 40 Minuten backen.

Butterkuchen hat einen unverwechselbar herrlichen Geschmack und ist aufgrund seines hohen Fettgehaltes ein sehr ergiebiger, nahrhafter Kuchen.

Saftiger Zwetschkenfleck

Zutaten für 1 Backblech

250 g glattes
Weizenmehl W 480
1/2 Pkg. Trockengerm
125 ml Milch
50 g Zucker
80 g Butter
2 Eidotter
etwas Salz

Für den Belag:
1 kg Zwetschken
Zucker je nach Bedarf
(abhängig von der Süße
der Zwetschken)
Zimt
Vanillezucker

Staubzucker zum Bestreuen

Aus den angeführten Zutaten einen schnellen Germteig bereiten. Den Teig zugedeckt an einem warmen Ort gehen lassen, bis er sein Volumen verdoppelt hat.

Für den Belag in der Zwischenzeit Zwetschken entkernen und halbieren bzw. vierteln. Zwetschken mit Zucker, Vanillezucker und Zimt aromatisieren.

Teig ausrollen und auf ein befettetes, bemehltes Backblech legen. Teig eng mit Zwetschken belegen. Nochmals 30 Minuten gehen lassen. Backrohr (Heißluft) auf 190 °C vorheizen. Backblech einschieben und den Zwetschkenfleck ca. 25 Minuten backen. Anschließend mit Staubzucker bestreuen.

Kärntner Reindling

Zutaten für 1 große Gugelhupfform

500 g griffiges
Weizenmehl W 480
1 Germwürfel
250 ml Milch
100 g Butter
100 g Zucker
2 Eidotter
etwas Salz
Rosinen

Aus den angeführten Zutaten einen feinen Germteig bereiten. Den Teig zugedeckt an einem warmen Ort gehen lassen, bis er sein Volumen verdoppelt hat.

Eine Handvoll Rosinen in den Teig einkneten. Eine große Gugelhupfform befetten und bemehlen. Den Teig in die Form geben und nochmals 30 Minuten gehen lassen. Backrohr auf 180 °C bei Ober-/Unterhitze vorheizen. Kärntner Reindling ca. 45 Minuten backen.

Zwetschkenkuchen mit Mandel-Zimt-Streusel

Zutaten für 1 Springform Ø 26 cm

250 g glattes Weizenmehl W 480
1/2 Pkg. Trockengerm
200 g Butter
75 ml Milch
75 g Zucker
1 Eidotter
1 Prise Salz

Für den Belag:
750 g Zwetschken
Zimt

Für den Streusel:
100 g Butter
150 g Mehl
1/2 Pkg. Backpulver
75 g Zucker
25 g geriebene Mandeln
Zimt

Aus den angeführten Zutaten einen schnellen Germteig bereiten. Den Teig zugedeckt an einem warmen Ort gehen lassen, bis er sein Volumen verdoppelt hat.

Für den Belag in der Zwischenzeit Zwetschken entkernen und vierteln, mit Zimt aromatisieren. Zwetschken in ein Sieb geben und den Obstsaft abrinnen lassen.

Für den Streusel Mehl mit Backpulver, Zucker, Zimt, Butterflöckchen und den geriebenen Mandeln abbröseln (etwas Butter für die Butterflöckchen zurückbehalten).

Springform befetten und bemehlen. Den Teig in die Form geben, am Rand den Teig ca. 2 cm hochziehen (ca. 1/2 cm dick), mit Zwetschken belegen und nochmals 30 Minuten gehen lassen. Streusel über den Kuchen bröseln. Mit Butterflöckchen bestreuen. Backrohr bei Ober-/Unterhitze auf 180 °C vorheizen. Zwetschkenkuchen ca. 40 Minuten backen.

Mohn-Streuselkuchen

Zutaten für 1 Backblech

500 g griffiges
Weizenmehl W 480
1 Germwürfel
250 ml Milch
100 g Butter
2 Eidotter
50 g Zucker
etwas Salz

Für die Mohnfülle:
200 g geriebener Mohn
250 ml Milch
etwas Zucker
Rosinen

Für den Streusel:
220 g Mehl
1/2 Pkg. Backpulver
100 g Butter
100 g Zucker

Staubzucker zum Bestreuen

Aus den angeführten Zutaten einen feinen Germteig bereiten. Den Teig zugedeckt an einem warmen Ort gehen lassen, bis sich sein Volumen verdoppelt hat.

Für die Mohnfülle Milch mit Mohn und Zucker aufkochen, Rosinen einrühren und unter Rühren rösten. Die Mohnmischung quellen und auskühlen lassen.

Für den Streusel Mehl mit Backpulver und Zucker verrühren und mit Butterflöckchen abbröseln.

Teig nochmals kurz gehen lassen. Teig ausrollen und auf ein befettetes, bemehltes Backblech legen. Mohnfülle darüberstreichen und Streusel darüber verteilen. Backrohr bei Ober-/Unterhitze auf 180 °C vorheizen. Backblech einschieben und den Mohn-Streuselkuchen ca. 45 Minuten backen. Vor dem Servieren mit Staubzucker bestreuen.

Falls bei Ihnen gerade die Mohnblumen im Garten blühen, können Sie mit den roten Blütenblättern garnieren. Diese sind ebenso essbar wie z.B. Blüten der Kornblumen und Malven. «

Sommerlicher Schwarzbeerkuchen

Zutaten für 1 Backblech

500 g griffiges Weizenmehl W 480
1 Germwürfel
250 ml Milch
100 g Butter
50 g Zucker
2 Eidotter
1 Prise Salz

Für den Belag:
1 kg Schwarzbeeren
Zucker nach Geschmack
Vanillezucker

Für den Streusel:
220 g Mehl
100 g Zucker
100 g Butter
1/2 Pkg. Backpulver

Staubzucker zum Bestreuen

Aus den angeführten Zutaten einen feinen Germteig bereiten. Den Teig zugedeckt an einem warmen Ort gehen lassen, bis er sein Volumen verdoppelt hat. Den Teig ausrollen und auf ein befettetes, bemehltes Backblech legen. Nochmals 30 Minuten gehen lassen.

Für den Belag inzwischen Schwarzbeeren waschen, verlesen und trocknen. Schwarzbeeren mit Zucker und Vanillezucker aromatisieren.

Für den Streusel Mehl mit Backpulver und Zucker verrühren und mit Butterflöckchen abbröseln.

Schwarzbeeren auf dem Teigboden verteilen und Streusel über die Früchte streuen. Backrohr auf 180 °C bei Ober-/Unterhitze vorheizen. Schwarzbeerkuchen ca. 45 Minuten backen. Vor dem Servieren mit Staubzucker bestreuen.

Herbstlicher Nussstrudel

500 g griffiges
Weizenmehl W 480
1 Germwürfel
250 ml Milch
100 g Butter
40 g Zucker
2 Eidotter
1 Prise Salz

Für die Fülle:
200 g geriebene Haselnüsse
50 g weiße Kuvertüre
100 g Zucker
125 ml Schlagobers
1 TL Butter

Für die Glasur:
100 g Staubzucker
1–2 EL Wasser

Aus den angeführten Zutaten einen feinen Germteig bereiten. Den Teig zugedeckt an einem warmen Ort gehen lassen, bis sich sein Volumen verdoppelt hat.

Für die Fülle Butter in einem Topf erhitzen. Haselnüsse und Zucker darin rösten. Schlagobers erwärmen und Kuvertüre darin auflösen. Unter die Haselnussmischung rühren. Fülle auskühlen lassen.

Teig auf einer bemehlten Arbeitsfläche ausrollen. Fülle auf dem ganzen Teig verteilen. Teig zu einem Strudel einrollen. Nochmals 30 Minuten auf einem befetteten und bemehlten Backblech gehen lassen. Backrohr auf 180 °C bei Ober-/Unterhitze vorheizen. Nussstrudel ca. 45 Minuten backen.

Für die Glasur Staubzucker fein sieben und mit Wasser verrühren.

Den noch heißen Strudel damit bestreichen.

Mohnstrudel

Grundrezept wie Nussstrudel

Für die Fülle:
200 g geriebener Mohn
100 g Zucker
250 ml Milch
Rosinen nach Belieben

Zum Bestreichen:
1 verquirltes Ei

Für die Fülle Milch aufkochen und Mohn in die kochende Milch einstreuen. Auf kleiner Flamme Zucker einrühren. Rosinen dazugeben.

Die Fülle auskühlen lassen, auf dem vorbereiteten Teig verteilen und anschließend den Teig einrollen. Strudel mit verquirltem Ei bestreichen. Backrohr auf 180 °C bei Ober-/Unterhitze vorheizen. Mohnstrudel ca. 45 Minuten backen.

Omas Dampfnudeln

Zutaten für 1 hohen Topf mit ca. Ø 20 cm

500 g griffiges Weizenmehl W 480
1 Germwürfel
300 ml Milch
50 g Zucker
2 Eidotter
1 Prise Salz

Für das Dampfbacken:
125 ml warmes Wasser
20 g Butter

Aus Mehl und den übrigen Zutaten einen Germteig bereiten, den Teig 1 Stunde gehen lassen, bis er sein Volumen verdoppelt hat. Den Teig zu einer Rolle formen und Stücke von ca. 2 cm abschneiden. Teigstücke zu Bällchen schleifen (Teigstücke mit dem Handballen zu Kugeln formen, siehe „Bauernkrapfen“ Seite 46).
30 Minuten gehen lassen.

Für das Dampfbacken Butter in einem Topf erhitzen, Dampfnudeln hineinschichten. Mit warmem Wasser aufgießen (das Wasser soll die Dampfnudeln etwa 2 Finger breit bedecken). Temperatur zurückschalten. Deckel nicht öffnen, damit die Dampfnudeln nicht zusammenfallen. Ca. 15 Minuten backen (je nach Größe der Dampfnudeln). Die Dampfnudeln sind gar, wenn am Deckel und am Boden kein Wasser mehr ist.

Dampfnudeln schmecken gut mit Vanillesauce, aber auch als Hauptspeise mit Sauerkraut.

Serviert man Dampfnudeln mit Sauerkraut, lässt man bei der Teigzubereitung den Zucker weg. «

Flaumige Buchteln

Zutaten für 1 Auflaufform

500 g griffiges
Weizenmehl W 480
1 Pkg. Trockengerm
300 ml Milch
60 g Butter
90 g Zucker
3 Eidotter
etwas Salz

Marmelade zum Füllen
zerlassene Butter
zum Bestreichen

Aus den angeführten Zutaten einen feinen Germteig bereiten. Den Teig zugedeckt an einem warmen Ort gehen lassen, bis er sein Volumen verdoppelt hat. Teig zu einer Rolle formen und Stücke von ca. 2 cm abschneiden. Teigstücke wie bei Krapfen zu einem Bällchen schleifen (Teigstücke mit dem Handballen zu Kugeln formen, siehe „Bauernkrapfen" Seite 46) und auseinander drücken. Teigstücke mit Marmelade füllen. Enden der Teigstückc zusammendrehen. Teigstücke in eine befettete, bemehlte Auflaufform mit der zusammengedrehten Seite nach unten legen. Nochmals ca. 30 Minuten zugedeckt gehen lassen.

Mit zerlassener Butter bestreichen. Bei 180 °C im vorgeheizten Backrohr ca. 45 Minuten backen. Buchteln vor dem Servieren einige Minuten zudecken (werden dadurch weicher).

Will man zu den Buchteln Vanillesauce servieren, so bereitet man diese aus 1/2 Liter Milch und 3/4 Pkg. Puddingpulver sowie 2 EL Zucker zu. «

Krapfen aus Germteig

Bauernkrapfen

Grundrezept für 12 Stück

Grundrezept Krapfenteig
500 g glattes
Weizenmehl W 480
300 ml Milch
1 Germwürfel
3 Eidotter
20 g Butter
1 TL Zucker
1/2 Stamperl Rum
1 Prise Salz

Butterschmalz
oder Kokosfett zum
Herausbacken

Krapfenteig – Schritt für Schritt

1. Schritt:

- Alle verwendeten Zutaten, auch das Holzbrett, auf dem man arbeitet, sollten Zimmertemperatur haben.

2. Schritt:

- Mehl in eine Schüssel geben und in die Mitte eine Mulde drücken, wo man aus Germ, 3 TL Mehl, 3 EL Milch und 1 TL Zucker ein Dampfl bereitet.

- Dampfl 30 Minuten gehen lassen.

- Butter in einem Topf zerlassen und mit der Milch aufgießen.

- Alle Zutaten zu einem sehr weichen Krapfenteig abschlagen (es ist besser, den Teig sehr weich zuzubereiten und nach dem Gehen noch etwas Mehl einzukneten).

3. Schritt:

- Teig braucht Zeit zum Gehen (nicht zu warm stellen) und nach Möglichkeit in eine gut verschließbare Plastikschüssel geben.

- Germteig nach dem Gehen nochmals abschlagen und nochmals 30 Min. gehen lassen, er wird dadurch sehr locker.

4. Schritt:

• Germteig zu einer Rolle formen und Stücke je nach gewünschter Größe abschneiden.

• Teigstücke zu Bällchen formen und Bällchen „schleifen“, das heißt: Handballen auf das Bällchen mit leichtem Druck legen und von links nach rechts rollen (die Arbeitsfläche nur leicht bemehlen).

• Teigbällchen zudecken und nochmals 30 Minuten gehen lassen.

5. Schritt:

• So viel Butterschmalz oder Kokosfett im Topf erhitzen, dass man die Krapfen schwimmend herausbacken kann.

• Die Temperatur des Backfettes spielt eine große Rolle beim Gelingen der Krapfen, es ist also wichtig, diese gut zu regeln, das heißt, man sollte die Temperatur immer wieder überprüfen. Wenn man die Krapfen einlegt, sinkt die Temperatur, sind keine Krapfen im Backfett, steigt die Temperatur sehr schnell an und man muss die Herdplatte zurückschalten.

• Temperatur des Backfettes soll 170 °C haben – man macht mit einem Holzkochlöffelstiel die Temperaturprobe, der Stiel wird in das heiße Fett gehalten. Wenn sich um den Stiel Blasen bilden, passt die Temperatur.

• Teigbällchen von der Mitte her auseinander ziehen, sodass sie in der Mitte dünner sind und ein Rand von 1 cm entsteht.

• Krapfen in das Fett einlegen und zu Beginn der Backzeit mit einem Esslöffel das heiße Backfett über die Krapfen fließen lassen.)

• Krapfen goldbraun backen und umdrehen, fertig backen.

6. Schritt:
• Krapfen auf einem Küchentuch abtropfen lassen.

Krapfen lassen sich gut einfrieren, einfach bei Zimmertemperatur auftauen.
Krapfen vom Vortag werden wieder weich, wenn man sie für 1/2–1 Minute in die Mikrowelle gibt.«

Faschingskrapfen

Grundrezept für 15 Stück

500 g glattes
Weizenmehl W 480
300 ml Milch
1 Germwürfel
3 Eidotter
30 g Butter
40 g Zucker
1/2 Stamperl Rum
1 Prise Salz

Butterschmalz zum
Herausbacken

Wie Bauernkrapfen zubereiten, nur werden die Teigbällchen nicht auseinander gezogen, sondern mit dem Nudelholz auf ca. Ø 10 cm ausgerollt.

Perchtlkrapfen

Krapfenteig gemäß Grundrezept

3 verquirlte Eier

Butterschmalz zum
Herausbacken

Wie Bauernkrapfen zubereiten. Die fertig gebackenen Krapfen in den verquirlten Eiern wenden und nochmals beidseitig goldbraun backen.

Bayerische Kücherl

Grundrezept für 15 Stück

500 g glattes Weizenmehl W 480
300 ml Milch
5 Eidotter
1 Germwürfel
40 g Butter
1 TL Zucker
1 Prise Salz
1/2 Stamperl Rum

Butterschmalz zum Herausbacken

Aus den angeführten Zutaten einen weichen Germteig bereiten. Den Teig an einem warmen Ort gehen lassen, bis sich sein Volumen verdoppelt hat. Den Teig auf ca. 1 cm Dicke ausrollen. Mit dem Krapfenausstecher Scheiben ausstechen. Mit dem Finger in die Mitte eine Vertiefung drücken. Teigstücke an einem warmen Ort zugedeckt nochmals 30 Minuten gehen lassen.

Butterschmalz auf 170 °C erhitzen. Kücherl beidseitig goldbraun backen. Kücherl auf einem Küchenpapier abtropfen lassen.

Lachs-Käse-Lauch-Tascherl
mit Kräuterrahmsauce

500 g glattes
Weizenmehl W 480
1 Pkg. Trockengerm
250 ml Milch
80 g Butter
2 Eidotter
Salz

Für die Fülle:
100 g geräucherte
Lachsfilets
100 g Gouda-Käse
1/2 Stange Lauch

Für die Kräuterrahmsauce:
40 g Butter
40 g Mehl
125 ml Sauerrahm
gehackte Kräuter
(Petersilie, Schnittlauch)
Salz

Zum Bestreichen:
40 g Butter
1 verquirltes Ei
1 Eidotter

Aus Mehl und den übrigen Zutaten einen schnellen Germteig bereiten. Den Teig zugedeckt an einem warmen Ort gehen lassen, bis sich sein Volumen verdoppelt hat.

Für die Fülle Lachs und Käse klein schneiden, Lauch in Ringe schneiden.

Den Teig ausrollen und Vierecke von ca. 12 cm Kantenlänge ausradeln. Jedes Viereck mit Fülle belegen. Teigenden mit verquirltem Ei bestreichen, die Enden übereinander klappen und gut zusammendrücken. Lachs-Käse-Lauch-Tascherl mit Eidotter bestreichen. 30 Minuten gehen lassen. Backrohr auf 180 °C Heißluft vorheizen und ca. 25 Minuten backen.

Für die Kräuterrahmsauce Butter in einem Topf erhitzen, Mehl rösten. Topf vom Herd nehmen, Sauerrahm und Kräuter einrühren, salzen. Die Kräuterrahmsauce über die Tascherln verteilen.

Speck-Käse-Tascherl

500 g glattes
Weizenmehl W 480
1 Pkg Trockengerm
250 ml Milch
80 g Butter
2 Eidotter
1 Prise Salz

Für die Fülle:
100 g gewürfelter Speck
100 g Gouda-Käse
in Würfeln
gehackte Petersilie

Wie Lachs-Käse-Lauch-Tascherl zubereiten.

Quiche mit Schinken

Zutaten für 2 Quiche-Formen à 22 cm Ø

250 g glattes
Weizenmehl W 480
1/2 Pkg. Trockengerm
125 ml Milch
2 EL Öl
1 Eidotter
etwas Salz

Für den Belag:
200 g Schinken
200 g Gouda-Käse
2 Tomaten
gehackte Petersilie
3 Eier
200 ml Milch
1 Prise Salz

Aus Mehl und den übrigen Zutaten einen schnellen Germteig bereiten. Den Teig gehen lassen, bis sich sein Volumen verdoppelt hat. Quiche-Formen befetten und bemehlen. Teig in 2 Stücke teilen und so ausrollen, dass man die Quiche-Formen damit belegen kann. Teig an den Rändern hochdrücken. Teig nochmals 30 Minuten gehen lassen.

Für den Belag in der Zwischenzeit Schinken und Käse in Streifen schneiden, Tomaten würfeln. Eier mit Milch und Salz verquirlen, Schinken, Käse, Tomatenwürfel und Petersilie einrühren. Belag über den Teig verteilen und Eiermischung darübergießen. Im vorgeheizten Backrohr bei 180 °C (Heißluft) ca. 45 Minuten backen.

Germknödel mit Speck-Käse-Füllung

Zutaten für 10 Stück

500 g griffiges Weizenmehl W 480
1 Germwürfel
250 ml Milch
2 Eidotter
20 g Butter
1 Prise Salz
1 EL Zucker

Für die Fülle:
200 g Speck
100 g Gouda-Käse
Petersilie
1 TL Öl

Für die Zwiebelringe
1 Zwiebel
1 TL Butter
1 Prise Zucker

Aus den angeführten Zutaten einen feinen Germteig bereiten, zugedeckt an einem warmen Ort gehen lassen, bis sich sein Volumen verdoppelt hat.

Für die Fülle inzwischen Speck und Käse in kleine Würfel schneiden, Petersilie hacken. Öl in einer Pfanne erhitzen und Speck goldbraun rösten, auskühlen lassen. Speck mit Käse und Petersilie vermischen.

Germteig ausrollen und in 10 Quadrate ausradeln. In die Mitte der Teigstücke die Fülle setzen. Teig zu Knödeln drehen und die Teigenden gut zusammendrücken. Nochmals 30 Minuten zugedeckt gehen lassen. Salzwasser zum Sieden bringen und die Knödel zugedeckt 7 Minuten ziehen lassen. Umdrehen und nochmals 7 Minuten ziehen lassen.

Zwiebel in Ringe schneiden, Butter in einer Pfanne erhitzen, Zucker einstreuen und die Zwiebelringe darin goldbraun rösten. Knödel aus dem Salzwasser nehmen, auf Tellern anrichten und Zwiebelringe darauf verteilen.

Germknödel mit Eierschwammerln

Zutaten für 10 Stück

500 g griffiges Weizenmehl W 480
1 Germwürfel
250 ml Milch
2 Eidotter
20 g Butter
1 Prise Salz

Für die Fülle:
200 g Eierschwammerl
1/2 Zwiebel
Gehackte Petersilie
1 TL Butter
1 Prise Salz

Aus Mehl und den übrigen Zutaten einen feinen Germteig bereiten. Den Teig an einem warmen Ort gehen lassen, bis sich sein Volumen verdoppelt hat.

Für die Fülle inzwischen Eierschwammerl putzen und blättrig schneiden. Zwiebel fein hacken. Butter in einer Pfanne erhitzen. Eierschwammerl und Zwiebel darin rösten, Petersilie und Salz zugeben. Fülle auskühlen lassen.

Germteig ausrollen und in 10 Quadrate radeln. In die Mitte der Teigstücke die Fülle setzen. Teigstücke an den Rändern eindrehen und Knödel formen. 30 Minuten zugedeckt gehen lassen. Salzwasser zum Kochen bringen. Knödel einlegen, zuerst zugedeckt 7 Minuten und dann offen 7 Minuten ziehen lassen.

Würstel in Germ-Joghurt-Teig

250 g glattes Weizenmehl W 480
1/2 Pkg. Trockengerm
125 ml Joghurt
50 g Butter
1 Eidotter
Salz

8 Würstel

Aus Mehl und den übrigen Zutaten einen schnellen Germteig bereiten, zugedeckt an einem warmen Ort gehen lassen, bis sich sein Volumen verdoppelt hat.

Germteig ausrollen und in 8 Stücke teilen. Würstel in Teig einschlagen und zugedeckt nochmals 30 Minuten gehen lassen. Backrohr auf 180 °C Heißluft vorheizen. Würstel im Germteig ca. 25 Minuten backen.

Speckbuchteln

350 g griffiges
Weizenmehl W 480
1 Pkg. Trockengerm
175 ml Milch
60 g Butter
1 Eidotter
1 Prise Salz
250 g mehlige Kartoffeln

Für die Fülle:
120 g Bauernspeck
1 Zwiebel
Petersilie
1 TL Öl

Zunächst Kartoffeln dünsten, heiß passieren und auf Zimmertemperatur abkühlen lassen. In der Zwischenzeit aus den restlichen Zutaten einen Germteig bereiten, gehen lassen, bis sich sein Volumen verdoppelt hat. Anschließend die passierten Kartoffeln einkneten. Teig nochmals 30 Minuten gehen lassen.

Für die Fülle inzwischen Speck kleinwürfelig schneiden. Zwiebel und Petersilie hacken. Öl in einer Pfanne erhitzen. Speckwürfel und Zwiebel anbraten, Petersilie dazugeben. Fülle auskühlen lassen.

Teig zu einer Rolle formen und in 10 Teile teilen, Teigstücke auseinander drücken. Fülle in die Mitte der Teigstücke setzen. Teigstücke an den Enden gut zusammendrücken. Auflaufform befetten und bemehlen. Teigstücke hineinsetzen, nochmals 30 Minuten gehen lassen. Backrohr auf 180 °C bei Ober-/Unterhitze vorheizen. Speckbuchteln ca. 45 Minuten backen. Nach dem Herausnehmen aus dem Backrohr mit einem Geschirrtuch zudecken und 5 Minuten ausdämpfen lassen, so werden die Buchteln wunderbar weich.

Pizza

Pizzamehl – welche Type?

Eine echte italienische Pizza besteht natürlich aus feinstem Weißmehl mit einem möglichst hohen Kleberanteil, um die runden, hauchdünnen Fladen gekonnt durch die Luft zu wirbeln. Auch das Kneten will für einen derartig elastischen Teig gelernt und geübt sein. Nun, Sie können das ja gerne einmal versuchen, ich lasse dies aber bleiben und verwende beim Pizzateig lieber das eckige Backblechformat (ich hatte schließlich viele Jahre eine große Familie zu versorgen).
Wie beim Format gibt es auch beim Mehl einen (geschmacklichen) Entscheidungsspielraum. Vergleichbar mit italienischem Pizzamehl sind die glatten Weizenmehle W 480 bzw. 405. Wer seine Pizza ein wenig „rustikaler" mag, kann auch zu griffigem W 700 bzw. 550 greifen. Oder man tut etwas kerniges Vollkornschrot oder Maismehl ins Weißmehl. Auch Dinkelmehl 630 lässt sich problemlos verarbeiten. Der beste Rat, den ich Ihnen diesbezüglich geben kann, ist aber, zu Vollkornmehl zu greifen. Wenn Sie bisher erfolglos waren, einen echten Vollkornmuffel zu überzeugen, bei Vollkornpizza stehen die Chancen wirklich gut. Außen knusprig und innen saftig, schmeckt sie mit dem jeweiligen Lieblingsbelag einfach köstlich.

Grundrezept Pizzateig

für 1 Backblech

250 g Mehl
1/8 l Wasser
1/2 Pkg. Trockengerm
2 EL Olivenöl
eine Prise Salz

Öl und Semmelbrösel fürs Backblech

Hinweis:
Zutatenmenge reicht für einen dünnen Pizzaboden. Für eine dicke American Pizza die Angaben verdoppeln.

Aus Mehl und den übrigen Zutaten einen schnellen Germteig bereiten. Den Teig zugedeckt an einem warmen Ort ca. 30 Minuten gehen lassen. Teig ausrollen. Backblech befetten und mit Bröseln bestreuen. Pizzateig aufs Backblech legen und mit den gewünschten Zutaten belegen. Backrohr auf 230 °C bei Ober-/Unterhitze vorheizen. Pizza 5 Minuten anbacken, danach auf 190 °C zurückschalten. Pizza 20 Minuten fertig backen.

Bereiten Sie die doppelte Teigmenge zu und stellen Sie die Hälfte über Nacht in den Kühlschrank. Dann haben Sie am nächsten Morgen in 20 Minuten (Backzeit) ofenfrisches Gebäck auf dem Frühstückstisch.

Salamipizza

Pizzateig gemäß Grundrezept

Für den Belag:
200 g Salami
150 g Schafskäse
2 EL Tomatenmark
1 EL Olivenöl
Pizzagewürz

Öl und Semmelbrösel fürs Backblech

Pizzateig ausrollen. Backblech mit Öl bestreichen und mit Semmelbröseln bestreuen, Pizzateig darauflegen.

Für den Belag Salami in feine Scheiben schneiden. Schafskäse würfelig schneiden. Tomatenmark, Öl und Pizzagewürz verrühren und auf den Pizzaboden aufstreichen.

Belag darauf verteilen. Backrohr bei Ober-/Unterhitze auf 230 °C vorheizen. Pizza einschieben und nach 5 Minuten auf 190 °C zurückschalten. 20 Minuten fertig backen.

Rucolapizza

Pizzateig gemäß Grundrezept

200 g Rucola
2 EL Tomatenmark
1 EL Olivenöl

Öl und Semmelbrösel fürs Backblech

Pizzateig ausrollen, Backblech mit Öl bestreichen und mit Semmelbröseln bestreuen. Tomatenmark und Olivenöl verrühren und auf dem Pizzaboden verteilen. Backrohr bei Ober-/Unterhitze auf 230 °C vorheizen. Pizza einschieben und nach 5 Minuten auf 190 °C zurückschalten. 20 Minuten fertig backen. Die fertig gebackene Pizza mit Rucola belegen.

Pizza mit Thunfisch und Zwiebel

Pizzateig gemäß Grundrezept

200 g Thunfisch in Öl
1 Zwiebel

Öl und Semmelbrösel fürs Backblech

Pizzateig ausrollen, Backblech mit Öl bepinseln und mit Semmelbröseln bestreuen.

Öl des Thunfisches abtropfen lassen und Thunfisch zerkleinern. Zwiebel schälen und in Ringe schneiden. Pizzateig aufs Backblech legen und mit Thunfisch und Zwiebelringen belegen. Backrohr bei Ober-/Unterhitze auf 230 °C vorheizen, nach 5 Minuten auf 190 °C zurückschalten. 20 Minuten backen.

Pizza mit Brokkoli und Käse

Pizzateig gemäß Grundrezept

200 g Brokkoli
200 g geriebener Pizzakäse
gehackte Petersilie
1 Prise Salz

Öl und Semmelbrösel fürs Backblech

Brokkoli in Röschen teilen und in Salzwasser bissfest dünsten.

Pizzateig ausrollen. Backblech mit Öl bestreichen und mit Semmelbröseln bestreuen. Pizzateig aufs Blech geben. Ausgekühlten Brokkoli und Petersilie darauf verteilen, salzen. Käse darüberstreuen. Backrohr bei Ober-/Unterhitze auf 230 °C vorheizen, nach 5 Minuten auf 190 °C zurückschalten. 20 Minuten backen.

Pizza mit Lachs und Lauch

Pizzateig gemäß Grundrezept

150 g Lachs in Öl
1/2 Stange Lauch

Öl und Semmelbrösel fürs Backblech

Lauch putzen und in Ringe schneiden.

Pizzateig ausrollen. Backblech mit Öl bestreichen und mit Semmelbröseln bestreuen. Pizzateig aufs Blech legen. Lachs und Lauchringe darauf verteilen. Backrohr bei Ober-/Unterhitze auf 230 °C vorheizen, nach 5 Minuten auf 190 °C zurückschalten. 20 Minuten backen.

Pizzabrote

Pizzateig gemäß Grundrezept

Für den Belag:
200 g Schinken
100 g geriebener Pizzakäse
1 EL Tomatenmark
1 EL Olivenöl
Pizzagewürz

Öl und Semmelbrösel fürs Backblech

Pizzateig 30 Minuten gehen lassen, dann zu einer Rolle von ca. 8 cm Ø formen. Von der Rolle Stücke zu ca. 2 cm abschneiden. Die Teigstücke wie bei Krapfen schleifen und ausrollen, sodass die Pizzabrote einen Ø von ca. 13 cm haben. Backblech mit Öl bestreichen und mit Semmelbröseln bestreuen. Pizzabrotteige darauf verteilen.

Für den Belag Schinken fein nudelig schneiden. Tomatenmark, Olivenöl und Pizzagewürz verrühren, auf die Pizzabrote streichen. Schinken gleichmäßig auf den Pizzabroten verteilen. Geriebenen Pizzakäse darüberstreuen. Backrohr auf 220 °C vorheizen und nach 5 Minuten auf 190 °C zurückschalten. Pizzabrote 20 Minuten backen.

Alle Pizzen- und Pizzabrotvarianten können sowohl als Pizzen wie auch als Pizzabrote zubereitet werden. «

Plunderteig

Ob Topfengolatschen, Brombeerröllchen „Stefanie", Apfeltascherl oder Schinkenkipferl, aus Plunderteig lassen sich viele Köstlichkeiten backen. Das besondere Geschmacks- und Genusserlebnis kommt von der in den Germteig in Schichten eingeschlagenen Butter, die dem Plunderteig seine zartblättrige Struktur gibt.

Meine kleine Plunderteig-Schule

Sie haben Plunderteig bisher nur als Fertigprodukt in Ihrer Küche verwendet oder gleich das fertige Gebäck eingekauft? Keine Sorge! Auch die Plunderteig-Schule lässt sich gut absolvieren. Wenn Sie hier neu sind, brauchen Sie fürs erste Mal nur eine ruhige Stunde (bzw. einen ruhigen Vormittag) und Freude am Experimentieren und Ausprobieren. Sie werden sehen, mit der bebilderten Schritt-für-Schritt-Anleitung klappt das hervorragend.

Außerdem wissen Sie beim selbst gemachten Plunderteig, was drinnen ist. Und das schmeckt man auch, insbesondere den geschmacklichen Unterschied von einer guten Butter zu der in der Industrie verwendeten Ziehmargarine.

Besonders geeignet ist pikantes Gebäck aus Plunderteig, wenn man Besuch erwartet. Man kann das Gebäck vor dem Backen kühl stellen und dieses, wenn die Gäste da sind, in den Ofen schieben, sodass man herrlich duftendes, frisches Gebäck hat. Und wenn die Gäste ausbleiben: Auch beim Einfrieren verhält sich der Plunderteig problemlos. Wenn Sie in der Herstellung geübt sind, können Sie vielleicht eine größere Menge auf Vorrat machen und in kleinen Portionen tiefkühlen. Diese bei Bedarf herausnehmen und ca. 30 Minuten auftauen lassen.

Zunächst wieder etwas Theorie:

- Ungewohnt aber ganz wichtig: Alle Zutaten werden kalt verarbeitet. Bei einer warmen Verarbeitung würde ja ansonsten die eingeschlagene Butter im Germteig „verschwinden".

- Auch alle anderen Faktoren bei der Herstellung dürfen die Hefen nicht zu einer explosiven Vermehrung anregen: Der Raum, in dem der Plunderteig zubereitet wird, soll daher kühl sein und der Plunderteig darf schon gar nicht in der Nähe der Heizung oder während des Kochens in der Nähe des Ofens zubereitet werden.
- Arbeiten Sie rasch und zügig mit kalten Händen, der Plunderteig muss immer wieder schnell in den Kühlschrank zurück, damit die Butter nicht zu weich wird. Dazu kann man ihn nach dem Bearbeiten in Alufolie wickeln und dann kühl stellen.

Das Einziehen/Einschlagen der Butter gestaltet sich bei größeren Mengen Plunderteigs mitunter einfacher, wenn Sie den Vorgang auf kleinere Teigportionen aufteilen.

Sie können für einen gelungenen Plunderteig bereits am Vorabend des Backtages den Butterziegel vorbereiten und kalt stellen, sowie den Germteig fertigen und über Nacht im Kühlschrank ruhen lassen. «

Plunderteig

250 g glattes
Weizenmehl W 480
1/2 Pkg. Trockengerm
125 ml Milch
25 g Butter
1 Eidotter
1/2 TL Salz

Zum Einschlagen:
125 g Butter, 1–2 EL Mehl

Süßer Plunderteig

250 g glattes
Weizenmehl W 480
1/2 Pkg. Trockengerm
25 g Zucker
125 ml Milch
25 g Butter
1 Eidotter
1/2 TL Salz

Zum Einschlagen:
125 g Butter
1–2 EL Mehl

Plunderteig – Schritt für Schritt

• Aus den angeführten Zutaten einen kalt geführten, schnellen Germteig bereiten.

• Sofort nach der Zubereitung in eine Plastikschüssel, die sich gut verschließen lässt, geben.

• Mindestens 3 Stunden oder über Nacht in den Kühlschrank stellen.

• Germteig quadratisch ausrollen.

• Mehl auf ein Brett sieben und das Stück kalte Butter daraufgegeben. Mit kühlen Händen (oder einer Gabel) einen flachen, quadratischen Ziegel (ca.15 x 15 cm) formen.

• Butterziegel in die Mitte des Teigs setzen.

• Den Butterziegel mit Teig umhüllen.

• Teigenden übereinander schlagen, die Teigenden gut verschließen.

• Teig der Länge nach ausrollen.

• Den Teig von zwei Seiten übereinander klappen, sodass drei Lagen entstehen.

• Teig in Alufolie packen und sofort in den Kühlschrank stellen.

• 30 Minuten kühl ruhen lassen.

• Vorgang des Ausrollens, Übereinanderschlagens und Kaltstellens noch 2-mal wiederholen.

• Danach ist Ihr Plunderteig fertig und kann gleich zu den g'schmackigsten Köstlichkeiten weiterverarbeitet werden.

Mehlspeisen aus Plunderteig

Saftiger Brombeerstrudel mit Äpfeln

Süßer Plunderteig gemäß Grundrezept

Für die Fülle:
500 g Brombeeren
200 g Äpfel
Zucker nach Belieben
Zimt

Zum Bestreichen:
1 verquirltes Ei

Für die Fülle Äpfel schälen, entkernen und hobeln. Brombeeren waschen und mit den Äpfeln vermischen. Zucker und Zimt dazugeben.

Plunderteig ausrollen und mit Fülle belegen. Zu einem Strudel formen. Die Ränder mit verquirltem Ei bestreichen. Backblech mit Wasser besprühen und Strudel darauflegen. Backrohr auf 200 °C (Heißluft) vorheizen. Backblech einschieben und den Brombeerstrudel ca. 25 Minuten backen.

Brombeerröllchen „Stefanie“

Süßer Plunderteig gemäß Grundrezept

Für die Fülle:
150 g Brombeeren
70 g Marzipan
Zucker nach Belieben
Zimt

Zum Bestreichen:
1 verquirltes Ei

Staubzucker zum Bestreuen

Plunderteig dünn ausrollen und Rechtecke von ca. 10 x 5 cm Kantenlänge ausradeln.

Für die Fülle Marzipan ebenfalls ausrollen und in etwas kleinere Stücke schneiden. Marzipan auf die Teigstücke legen. Längs darauf eine Reihe Brombeeren setzen.

Teigstücke an den Längskanten mit verquirltem Ei bestreichen und einrollen. Backblech mit Wasser besprühen und die Brombeerröllchen daraufsetzen. Im vorgeheizten Backrohr bei 200 °C (Heißluft) 20 Minuten backen. Mit Staubzucker bestreuen.

Marmeladetascherl

Süßer Plunderteig gemäß Grundrezept

Für die Fülle:
100 g Powidl-Marmelade
1 TL Rum
Zucker nach Belieben
Zimt

Zum Bestreichen:
1 verquirltes Ei

Staubzucker zum Bestreuen

Plunderteig ausrollen und Dreiecke von ca. 10 cm Kantenlänge ausradeln. Ränder mit verquirltem Ei bestreichen.

Für die Fülle Powidl mit Rum, Zucker und Zimt aromatisieren.

Fülle in die Mitte der Teigstücke setzen. Teigstücke an den Rändern mit verquirltem Ei bestreichen. Teigenden übereinander klappen, sodass Dreiecke entstehen. Mit verquirltem Ei bestreichen. Backblech mit Wasser besprühen und die Marmeladetascherl daraufsetzen. Im vorgeheizten Rohr bei 200 °C (Heißluft) 20 Minuten backen. Mit Staubzucker bestreuen.

Topfengolatschen

Süßer Plunderteig gemäß Grundrezept

Für die Fülle:
250 g Topfen
50 g Zucker
1 Pkg. Vanillepuddingpulver
Rosinen nach Geschmack

Zum Bestreichen:
1 verquirltes Ei

Staubzucker zum Bestreuen

Für die Fülle Topfen, Vanillepuddingpulver und Zucker zu einer feinen Creme abrühren. Nach Geschmack Rosinen dazugeben.

Teig ausrollen und Quadrate von ca. 14 cm Kantenlänge ausradeln. Fülle in die Mitte der Teigstücke setzen. Teigränder mit verquirltem Ei bestreichen und übereinander klappen.

Backblech mit Wasser besprühen und die Topfengolatschen daraufsetzen. Im vorgeheizten Rohr bei ca. 200 °C (Heißluft) 25 Minuten backen. Mit Staubzucker bestreuen.

Apfel-Marzipan-Kuchen

Süßer Plunderteig gemäß Grundrezept

Für die Fülle:
700 g Äpfel
100 g Marzipan
Zimt
Rosinen
Zucker nach Belieben

Für den Streusel:
150 g Mehl
100 g Butter
70 g Zucker
1/2 Pkg. Backpulver

Für die Fülle Äpfel schälen und blättrig schneiden, mit Zimt und Zucker verfeinern, Rosinen zugeben. Äpfel auf ein befettetes Blech geben und ca. 15 Minuten bei 180 °C (Heißluft) ins Backrohr geben.

Plunderteig ausrollen und auf besprühtes Backblech legen. Im vorgeheizten Backrohr bei 200 °C (Heißluft) ca. 10 Minuten vorbacken. Äpfel auskühlen lassen und auf dem vorgebackenen Plunderteig verteilen. Marzipan in kleinen Stücken darüber verteilen.

Für den Streusel Mehl mit Backpulver und Zucker vermischen und mit Butterflöckchen abbröseln. Streusel über den Kuchen verteilen. Nochmals bei 180 °C (Heißluft) 20 Minuten fertig backen.

Schoko-Nuss-Eckerl

Süßer Plunderteig gemäß Grundrezept

Für die Fülle:
50 g Nuss-Nougat
50 g geröstete, gemahlene Haselnüsse

Zum Bestreichen:
1 verquirltes Ei

Für die Fülle Nuss-Nougat erwärmen und die gerösteten, gemahlenen Haselnüsse einrühren. Masse auskühlen lassen.

Teig dünn ausrollen. Quadrate von ca. 10 cm Kantenlänge ausradeln. Nuss-Nougat-Fülle auf den Teig setzen. Teigstücke an den Rändern mit verquirltem Ei bestreichen. Teigenden übereinander klappen, sodass Dreiecke entstehen. Mit verquirltem Ei bestreichen. Backblech mit Wasser besprühen und die Schoko-Nuss-Eckerl daraufsetzen. Im vorgeheizten Backrohr bei 200 °C (Heißluft) 20 Minuten backen.

Apfeltascherl

Süßer Plunderteig gemäß Grundrezept

Für die Fülle:
500 g Äpfel
Zimt und Zucker nach Belieben
50 g Rosinen

Zum Bestreichen:
1 verquirltes Ei
2 EL Marillenmarmelade

Für die Fülle Äpfel schälen, entkernen und hobeln. Zimt, Zucker und Rosinen unter die Äpfel mischen.

Plunderteig ausrollen und in Quadrate ausradeln. Teigkanten mit verquirltem Ei bestreichen.

Fülle auf eine Hälfte der Teigstücke setzen. Teigstücke übereinander klappen und zusammendrücken. Teigstücke an der Oberseite 2-mal etwas einschneiden. Backblech mit Wasser besprühen und die Apfeltascherl daraufsetzen. Bei 200 °C im vorgeheizten Backrohr (Heißluft) 20 Minuten backen. Noch heiß mit warmer Marillenmarmelade bestreichen.

Nussschnecken

Süßer Plunderteig gemäß Grundrezept

Für die Fülle:
200 g geröstete, gemahlene Haselnüsse
125 ml Rahm
30 g Zucker
Rosinen nach Belieben
1 TL Butter

Für die Glasur:
150 gesiebter Staubzucker
1–2 EL Wasser

Variation Zimtschnecken:
Vor dem Einrollen den Plunderteig mit 3 EL Rosinen, 3 EL gemahlenen Nüssen und Zimt nach Belieben bestreuen.

Für die Fülle Haselnüsse in Butter abrösten, mit Rahm aufgießen, Zucker und Rosinen dazugeben. Fülle auskühlen lassen.

Plunderteig ausrollen und die Fülle darauf verteilen. Teig der Länge nach einrollen. Mit einem scharfen Messer Stücke von ca. 2 cm abschneiden. Teigstücke etwas flach drücken. Backblech mit Wasser besprühen und die Nussschnecken aufs Backblech setzen. Im vorgeheizten Backrohr bei 200 °C (Heißluft) 20 Minuten backen.

Für die Glasur Staubzucker mit Wasser verrühren, sodass er zähflüssig ist. Die heißen Schnecken damit bestreichen.

Pikantes aus Plunderteig

Schinkenkipferl

Ungesüßter Plunderteig gemäß Grundrezept

Für die Fülle:
100 g Schinkenscheiben
100 g Goudascheiben
Petersilie

Zum Bestreichen:
1 verquirltes Ei

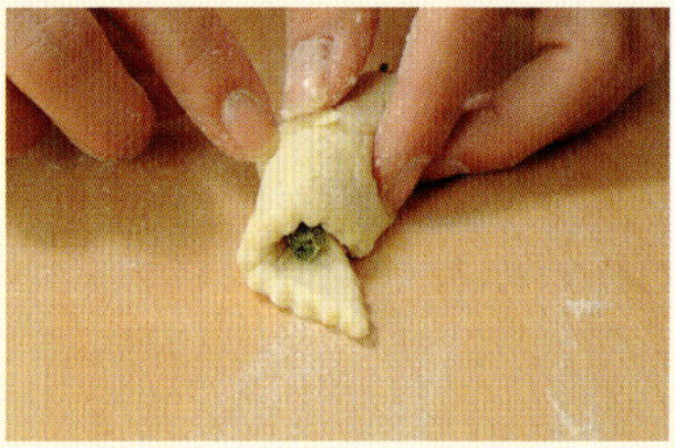

- Aus den angeführten Zutaten einen Plunderteig bereiten.
- Für die Fülle Schinken und Käse nudelig schneiden. Petersilie hacken. Schinken, Käse und Petersilie vermischen.
- Plunderteig ausrollen und zu Dreiecken ausradeln.
- Fülle in der Mitte verteilen.
- Dreiecke zu Kipferln rollen und mit verquirltem Ei bestreichen.
- Backblech mit Wasser besprühen. Kipferl daraufsetzen. Bei 200 °C (Heißluft) 20 Minuten backen.

Kalbfleischstrudel

Ungesüßter Plunderteig gemäß Grundrezept

Für die Fülle:
350 g faschiertes Kalbfleisch
200 g Schinkenscheiben
100 g Käsescheiben
2 Tomaten
1/2 Zwiebel
Petersilie
Salz
1 EL Öl

Zum Bestreichen:
1 verquirltes Ei

Für die Fülle Petersilie hacken, Zwiebel schälen und hacken. Öl in einer Pfanne erhitzen. Zwiebel und Faschiertes abrösten, salzen, Petersilie dazugeben. Fülle auskühlen lassen. Tomaten in Scheiben schneiden.

Plunderteig ausrollen. Auf der Hälfte des Teigs erst Schinkenscheiben, dann Käsescheiben und Tomatenscheiben, anschließend die zubereitete Fülle verteilen. Teigränder mit verquirltem Ei bestreichen. Teig übereinander klappen und die Teigränder gut zusammendrücken. Mit verquirltem Ei bestreichen. Backblech mit Wasser besprühen und den Strudel auf das Backblech legen. Im vorgeheizten Backrohr bei 200 °C (Heißluft) 30 Minuten backen.

Würstel in Plunderteighülle

Ungesüßter Plunderteig gemäß Grundrezept

8 Frankfurter Würstel

Zum Bestreichen:
1 verquirltes Ei

Plunderteig dünn ausrollen und in 8 Rechtecke radeln. Würstel an den Enden einschneiden, in Teig einschlagen und die Teigränder mit verquirltem Ei bestreichen. Im vorgeheizten Backrohr bei 200 °C (Heißluft) 25 Minuten backen.

Strudel Allerlei

Ungesüßter Plunderteig gemäß Grundrezept

Für die Fülle:
300 g Gemüse
2 gekochte Kartoffeln
Majoran
Salz

Zum Bestreichen:
1 verquirltes Ei

Für die Fülle Gemüse putzen und in Würfel schneiden, bissfest dünsten, auskühlen lassen. Kartoffeln ebenfalls in Würfel schneiden, salzen, Majoran dazugeben und mit dem Gemüse mischen.

Plunderteig ausrollen. Fülle auf der Hälfte des Teigs verteilen. Teigränder mit verquirltem Ei bestreichen und übereinander klappen. Im vorgeheizten Backrohr bei 200 °C (Heißluft) 30 Minuten backen.

Sauerteig, Brot und Gebäck

Brot

Mehl, Wasser, Salz und Sauerteig – an dieser Zutatenliste hat sich seit mehreren tausend Jahren nichts verändert. Auch heute wird daraus noch eines der wichtigsten Grundnahrungsmittel gefertigt: unser tägliches Brot.
Das muss aber keineswegs heißen: täglich dasselbe Brot. Wenden wir uns deshalb zu Beginn dieses Kapitels zunächst jenen Zutaten zu, die für eine gesunde Abwechslung im Brotkorb sorgen.

Salz – unverzichtbar für Brot und Gebäck

Trotz der Diskussionen um zu viel Salzkonsum kann bei der Broterstellung auf Salz nicht verzichtet werden. Es sorgt nicht nur für einen runden Geschmack, sondern ist auch für die Teigstabilität unerlässlich. Auf einen halben Kilo Mehl gehören zwei leicht gehäufte Teelöffel (10 g) guten Salzes (achten Sie bei Ihrem nächsten Einkauf auf Naturbelassenheit!).

Tipp: Grobes Meersalz kann auch zum Bestreuen von Brot und Gebäck verwendet werden.

Kümmel, Koriander, Fenchel und Anis – vier klassische Brotgewürze

Seit alters her werden sie in der Brotherstellung verwendet. Ist es Zufall, dass ihre Samen zur selben Zeit reifen wie das Getreide auf dem Feld? Brotliebhaber erfahren ihre wohltuende Wirkung auf Körper und Seele. Denn, damit das volle Korn den Menschen wirklich nährt, bedarf es dieser verdauungsfördernden Gewürze. Und die Aromen der frisch vermahlenen Samen erfreuen das Gemüt: einzeln oder alle zusammen – je nach Geschmack. Eine typische Brotgewürzmischung besteht aus 1 Teil Anis und je 3 Teilen Kümmel, Koriander und

Fenchel. Den optimalen Gesundheits- und Genusseffekt erhalten Sie, wenn Sie direkt vor dem Backen das Getreide zusammen mit den Gewürzen mahlen. Die Erfahrung aus meinen Brotback-Kursen hat mir gezeigt, dass die Frage nach der Gewürzmenge ganz unterschiedlich von den Teilnehmerinnen empfunden wird. Zudem gibt es auch geschmackliche Vorlieben. Daher ermuntere ich Sie, den Mengenangaben für Gewürze in meinen Brotrezepten nicht streng zu folgen. Nehmen Sie die Gewürze zur Hand, zerreiben Sie sie und riechen Sie daran. Entscheiden Sie mit Ihrer Nase, worauf Sie Lust haben, was gerade gut tut und was der Körper braucht.

Hinweis: Ein Teelöffel Brotgewürz auf 500 g Mehl ergibt ein mild gewürztes Brot. Sie können aber auch bis zu drei Esslöffel voll dafür verwenden.

Kräuter und Gewürze

	Verwendung	Wirkung
Koriander	Roggenvollkornbrot, Roggen-/Weizenmischbrot	appetitanregend, bei Völlegefühl und Blähungen
Kümmel und Kreuzkümmel	Roggenvollkornbrot, Roggen-/Weizenmischbrot, pikantes Gebäck aus Weizenmehl	stoffwechselanregend, appetitanregend, bei Blähungen und Magen-Darm-Beschwerden, fördert die Milchbildung
Fenchel	Weizenbrote/-weckerl	verdauungsfördernd, krampflösend, beruhigend für Magen und Darm, fördert die Milchbildung
Anis	süßes Gebäck aus Weizenmehl, Stollen	antibakteriell, harntreibend, krampf- und schleimlösend, entspannend und schlaffördernd
Nelken	Christstollen, Kletzenbrot	appetitanregend, verdauungsfördernd, aphrodisierend und leicht euphorisierend
Majoran	Weißbrot	harntreibend, schleimlösend, antibakteriell
Thymian	Weißbrot	antibakteriell, beruhigend, desinfizierend, entzündungshemmend, schleimlösend
Rosmarin	Weißbrot	anregend, krampflösend, entzündungshemmend, antibakteriell

Gehören zwar nicht in die Kategorie „Kräuter und Gewürze", wirken bei süßen Broten aber wahre „Geschmackswunder" und verleihen ihnen ihr typisches Aroma: Rosinen.

Saaten und Kerne – für eine gesunde Abwechslung

Sie mögen Ihr Brot gerne körnig und mit Biss? Sonnenblumen- und Kürbiskerne, Leinsamen, Mohn und Sesam verleihen Ihren Broten die besondere (Geschmacks-)Note. Aufgrund ihres wertvollen Inhalts tragen sie auch zu einer gesunden Ernährung bei. Ihr Reichtum an Mineralstoffen, Vitaminen und ungesättigten Fettsäuren erhält sich am besten, wenn Sie sie kühl, dunkel und gut verschlossen aufbewahren. Und er entfaltet sich besonders gut, wenn Sie sie erst kurz vor dem Backen mahlen, schroten oder hacken.

Tipp: Weichen Sie Saaten (insbesondere Leinsamen) vor dem Backen mehrere Stunden ein. Das Brot wird dadurch saftiger und bleibt länger frisch.

Besondere Wirkungen: Saaten und Kerne

- **Kürbiskerne:**
  intensiver Geschmack
  entzündungshemmend, wassertreibend, für Blase und Prostata
- **Sonnenblumenkerne:**
  positiv für Herz und Kreislauf, starke Knochen
- **Sesam:**
  nussig im Geschmack
  nervenstärkend, cholesterinsenkend
- **Leinsamen:**
  ballaststoffreich, verdauungsregulierend
- **Mohn:**
  intensiver Geschmack, dekorativ
  hochwertige Inhaltsstoffe

Wissenswertes für Brotbäcker

• Brotbacken ist eine sehr ursprüngliche, bei fast allen Völkern tief verankerte Tradition. Es ruft eine vertraute Zufriedenheit und Freude hervor, wenn der Teig geknetet und das Gebäck geformt wird. Wenn der wunderbar würzige Brotduft in der Luft liegt und wenn das knusprige, frische Brot angeschnitten wird. Sie merken schon: Wenn Sie ein Mal in der Woche Brot backen, sind meditatives Erleben und Entspannung inklusive.

• Natürlich gibt es Brotklassiker und ich habe selbst einc Vorliebe für einfaches Roggenbrot. Dennoch ist die Verwendung und Vermischung verschiedener Getreidesorten eine Frage des Geschmacks und nicht zuletzt auch der Gesundheit – sprich: Verträglichkeit. Unterschiedliche Mehlmischungen und weitere Zutaten bieten eine unendliche Anzahl an Variationsmöglichkeiten. Auch die nachstehenden Rezepte laden Sie – mit etwas Erfahrung – dazu ein, diese nach Ihren Vorlieben abzuwandeln. Bestreuen Sie den mit Wasser befeuchteten Brotteig z.B. mit Sonnenblumen- und Kürbiskernen, Leinsamen, Sesam und so weiter. Oder formen Sie anstatt eines Weckens oder Laibes zur Abwechslung Weckerl oder Laibchen.

• Wenn Sie Brot in Formen backen, sollte der Teig eher weich sein, Sie können ihn also gut in einer Germteigschüssel abschlagen. Je fester das Brot sein soll, desto fester der Grundteig, er wird dann auf einer bemehlten Arbeitsplatte geknetet.

• Wichtig beim Brotbacken ist die hohe Anfangstemperatur beim Backen. Um zu Hause im eigenen Backofen Feuchtigkeit zu erzeugen, stellen Sie eine feuerfeste Schale mit Wasser ins Backrohr. Die feuchte Luft verhindert, dass das Brot außen zu schnell trocknet, hart wird und innen teigig bleibt.

• Für das Backen einer größeren Menge Brot auf mehreren Blechen müssen Sie ausnahmsweise mit Heißluft arbeiten. Extra Feuchtigkeitsgabe nicht vergessen!

• Bestreichen Sie das Brot außen vor dem Backen mit leicht gebrautem Kaffee – dann bekommt es eine schöne goldbraune Farbe, der Kaffeegeschmack verflüchtigt sich.

Brot aus dem Holzbackofen

Wenn Sie einmal in der Nähe von Rauris im Salzburger Land sind, dann empfehle ich einen Besuch bei Roswitha Huber auf ihrer Kalchkendlalm. Dort können Sie miterleben, wie nach traditioneller Methode ein Holzofen befeuert und mit einem nassen Strohbesen ausgewischt wird, bevor die Laibe zum Backen hineinkommen. Sie können ihrer Arbeit als neue Pionierin des Holzofenbrotes aber auch in ihrem Buch „Gutes Brot" näher kommen. Lassen Sie sich von ihrer Leidenschaft zum Brotbacken anstecken. «

Meine kleine Sauerteig-Schule

Ohne Sauerteig gäbe es keine Roggenbrote, sie würden flach und hart bleiben. Er macht Roggenmehl erst backfähig. Sauerteig ist nicht nur die „Heimat" von (wilden) Hefen, sondern beherbergt in erster Linie Milch- und Essigsäurebakterien, die beim Brotbacken dafür sorgen, dass der Teig lockerer, dunkler und geschmackvoller wird. Zudem macht er Brote leichter verdaulich und schützt sie vor Schimmelbildung.

Wenn Sie öfters Brot backen, lohnt es sich, Sauerteig selbst anzusetzen. Dazu ist neben Mehl, Wasser und Wärme nur eins erforderlich: Sie bzw. Ihre Zeit, Achtsamkeit und Geduld. Doch haben Sie erst einmal den fertigen Sauerteigansatz, können Sie einen Teil davon immer wieder für das nächste Brot zurückbehalten.

Meine Erfahrung bei der Herstellung von Sauerteig ist, dass sich der Sauerteig am besten mit Roggenvollkornmehl ansetzen lässt. Probieren Sie es einfach mit einer kleinen Menge aus und machen Sie für sich den Vergleich mit den unterschiedlichen Mehlsorten.

Grundrezept Sauerteig

300 g Roggenvollkornmehl
ca. 300 ml warmes Wasser

Sauerteig – Schritt für Schritt

1. Tag:
100 g Mehl mit 100 ml warmem Wasser (ca. 40 °C) verrühren, es soll ein zähflüssiger Teig entstehen. Zugedeckt an einem warmen Ort (ca. 25 °C) 24 Stunden stehen lassen.

2. Tag:
Nochmals 100 g Mehl und 150 ml warmes Wasser dazurühren. Wieder zugedeckt an einem warmen Ort 24 Stunden stehen lassen.

3. Tag:
Nochmals 100 g Mehl dazugeben und so viel warmes Wasser dazurühren, dass ein zähflüssiger Teig entsteht (je besser der Sauerteig gärt, desto weniger Wasser benötigt man). Wieder zugedeckt an einem warmen Ort 24 Stunden stehen lassen.

4. Tag:
Jetzt sollte das Gemisch deutlich Bläschen werfen und einen säuerlichen Duft verströmen.

Nun geht es ans Brotbacken, die angeführte Sauerteigmenge reicht für mehrere Brote.

Sie sehen, einen Sauerteigansatz selbst herzustellen, ist nicht schwierig. Aber es kann schon mal passieren, dass er während dieser drei Tage kippt, faulig riecht oder schimmelt. Dann muss ein neuer Ansatz her.
Für Sauerteigbrote benötigen Sie zwischen 50 und 150 g des Ansatzes pro 500 g Mehl, abhängig vom Reifegrad. Nehmen Sie anfangs ruhig etwas mehr. Man kann dem Sauerteig die fehlenden Mengen, wie oben beschrieben, immer wieder „zufüttern". Je nachdem, wie rasch Sie den Ansatz wieder benötigen, kommt er entweder in die Wärme, in den Kühlschrank oder ins Gefrierfach. Gut verschlossen im Kühlschrank aufbewahrt, kann man so über Jahre hinweg immer wieder einen neuen Ansatz machen. Dadurch wird er sogar immer besser, das heißt, aromatischer und bekommt eine höhere Triebkraft.

Möchten Sie das Backen mit Sauerteig erst einmal nur versuchen oder nicht tagelang darauf warten, bis sich der Ansatz entwickelt hat? Dann können Sie durchaus auch zu einem fertigen Sauerteigansatz greifen. Wer regelmäßig bäckt, wird auf Dauer den eigenen, preiswerten Sauerteigansatz vorziehen. «

Roggenbrot

500 g Roggenvollkornmehl
50–150 g Sauerteig (je nach Qualität des Sauerteigs, ob frisch angesetzt oder schon reifer)
300 ml warmes Wasser
2 TL Salz
gemahlener Kümmel

Alle Zutaten zu einem Brotteig abkneten. Teig zugedeckt 2 Stunden gehen lassen (die Gehzeit hängt wiederum davon ab, wie aktiv der Sauerteig ist). Je nach Belieben einen Brotlaib oder einen Wecken formen. Oberfläche mit der Gabel einstechen. Backblech befetten und bemehlen. Brot auf dem Backblech nochmals 30 Minuten gehen lassen. Backrohr bei Ober-/Unterhitze auf 230 °C vorheizen. Nach 5 Minuten auf 190 °C zurückschalten. Roggenbrot ca. 45 Minuten backen. Brot nach dem Herausnehmen mit Wasser besprühen.

Roggen gewinnt wieder mehr an Bedeutung beim Brotbacken. Lange Zeit galt Roggen als schwer verdaulich, vielleicht auch, weil Backwaren, die mit Roggen gebacken werden, nicht so gut aufgehen wie Gebäck aus ausgemahlenem Weißmehl. Mittlerweile ist es so, dass industriell hergestelltes Brot und Gebäck kaum mehr zu überbieten ist, was das Backvolumen betrifft, dies geht allerdings sehr auf Kosten des Geschmacks. Manche vertragen Roggen sogar wesentlich besser als Weizen, besonders, wenn Roggenbrot nur mit Sauerteig zubereitet ist. Probieren Sie es aus! «

Bauernbrot

250 g Roggenmehl
250 g Weizenmehl
300 ml warmes Wasser
50 g Sauerteig
1/2 Germwürfel
2 TL Salz
1 TL Brotgewürz

Aus den angeführten Zutaten einen Brotteig bereiten. Zugedeckt an einem warmen Ort gehen lassen. Teig zu einem Brotstrutzen formen. Auf einem befetteten, bemehlten Blech nochmals 30 Minuten gehen lassen. Backrohr bei Ober-/Unterhitze auf 230 °C vorheizen. Nach 5 Minuten auf 190 °C zurückschalten und ca. 45 Minuten backen. Brot nach dem Herausnehmen mit Wasser besprühen.

Dinkelbrot

500 g Dinkelvollkornmehl
200 ml warmes Wasser
100 ml Buttermilch
1 Germwürfel
2 TL Salz
1 TL Brotgewürz

• Aus den angeführten Zutaten einen Brotteig bereiten. Zugedeckt an einem warmen Ort gehen lassen.

• Teig in 2 Stücke schneiden.

• Teig nochmals kneten.

• Kastenform befetten und bemehlen. Die Hälfte des Teigs in die Kastenform geben.

• Restlichen Teig zu einer Rolle formen.

• Rolle in 3 Stücke teilen.

• Bällchen schleifen.

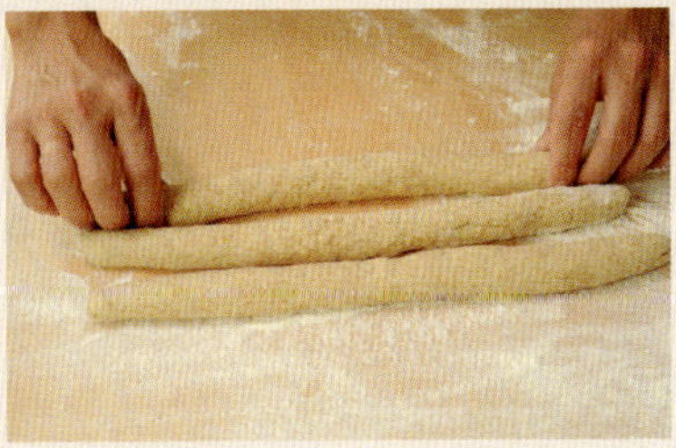

• Aus den Teigstücken 3 gleich lange Stränge formen.

• Diese zu einem Zopf flechten, der die Länge der Kastenform hat.

• Teigzopf auf den Brotteig in der Kastenform setzen.

• Nochmals 30 Minuten gehen lassen. Backrohr bei Ober-/Unterhitze auf 220 °C vorheizen. Kastenform ins Backrohr geben, nach 5 Minuten die Temperatur auf 180 °C zurückschalten und ca. 45 Minuten backen. Brot nach dem Herausnehmen mit Wasser besprühen.

Nussbrot

150 g Roggenmehl
350 g Weizenschrot
100 g geröstete Haselnüsse
50 g Sauerteig
1/2 Germwürfel
300 ml warmes Wasser
2 TL Salz
1 TL Zucker

Für das Dampfl:
s. Zubereitung „Feiner Germteig“

Dampfl ansetzen und gehen lassen. Sauerteig und Dampfl in warmem Wasser auflösen.

Mehl mit Weizenschrot, gerösteten Haselnüssen, Salz und Zucker vermischen. Die Flüssigkeit unter das Mehl mischen. Teig zugedeckt an einem warmen Ort gehen lassen, bis sich sein Volumen verdoppelt hat. Backblech befetten und bemehlen. Brotteig zu einem Laib formen, mit warmem Wasser bestreichen. Nochmals 30 Minuten am Backblech gehen lassen. Backrohr auf 220 °C vorheizen. Backblech einschieben, nach 5 Minuten auf 180 °C zurückschalten und ca. 45 Minuten backen. Brot nach dem Herausnehmen mit Wasser besprühen.

Kartoffelbrot

200 g Roggenmehl
200 g Weizenmehl
100 g mehlige Kartoffeln
1 Germwürfel
50 g Sauerteig
300 ml warme Molke
1 TL Brotgewürz
2 TL Salz

Für das Dampfl:
s. Zubereitung „Feiner Germteig“

Kartoffeln dünsten, schälen und passieren. Etwas auskühlen lassen. Roggen- und Weizenmehl verrühren, salzen. Inzwischen Dampfl ansetzen und gehen lassen. Dampfl und Sauerteig mit etwas Molke verrühren. Ansatz, Molke und Mehl zusammenkneten. Teig gehen lassen, bis sich sein Volumen verdoppelt hat. Anschließend die passierten Kartoffeln dazukneten. Teig zu einem Laib formen. Backblech befetten und bemehlen. Brotlaib nochmals 30 Minuten auf dem Backblech gehen lassen. Backrohr auf 230 °C vorheizen. Backblech einschieben. Temperatur sofort auf 190 °C zurückschalten und ca. 45 Minuten backen. Brot nach dem Herausnehmen mit Wasser besprühen.

Zwiebelbrot

350 g Roggenvollkornmehl
150 g Weizenmehl W 700
100 g Sauerteig
1/2 Germwürfel
300 ml Wasser
2 TL Salz
1 TL Zucker
Brotgewürz nach Belieben
1 Zwiebel
1 EL Öl

Aus den angeführten Zutaten einen Brotteig bereiten und gehen lassen, bis sich sein Volumen verdoppelt hat. Zwiebel schälen und fein hacken. Öl in einer Pfanne erhitzen und Zwiebel darin gut rösten, etwas auskühlen lassen. Zwiebel und das Öl aus der Pfanne unter den gegangenen Brotteig mischen. Backblech befetten und bemehlen. Teig zu einem Wecken formen und am Backblech nochmals 30 Minuten gehen lassen. Backrohr auf 220 °C vorheizen und Backblech einschieben. Nach 5 Minuten auf 190 °C zurückschalten und ca. 45 Minuten backen. Brot nach dem Herausnehmen mit Wasser besprühen.

Kürbiskernbrot

250 g Roggenvollkornmehl
250 g Weizenvollkornmehl
50 g Kürbiskerne
50 g Sauerteig
1/2 Germwürfel
300 ml Wasser
2 TL Salz
1 TL Brotgewürz

30 g Kürbiskerne
zum Bestreuen
Wasser zum Bestreichen

Aus den angeführten Zutaten einen Brotteig bereiten und gehen lassen, bis sich sein Volumen verdoppelt hat. Backblech befetten und bemehlen. Brotlaib formen, mit Wasser bestreichen und mit Kürbiskernen bestreuen. Nochmals 30 Minuten am Backblech gehen lassen. Backrohr bei Ober-/Unterhitze auf 220 °C vorheizen. Backblech einschieben, nach 5 Minuten auf 180 °C zurückschalten und ca. 45 Minuten backen.

Olivenbrot

500 g Weizenmehl W 700
1 Germwürfel
300 ml warmes Wasser
75 g Oliven
1/2 Zwiebel
30 ml Olivenöl
2 TL Salz

Aus Mehl, Germ, Wasser, Salz und Olivenöl einen weichen Germteig bereiten. Teig zugedeckt an einem warmen Ort gehen lassen, bis er sein Volumen verdoppelt hat. Zwiebel schälen und sehr fein hacken. Oliven halbieren und entkernen, mit der gehackten Zwiebel unter den Teig kneten. Backblech befetten und bemehlen. Aus dem Teig 2 längliche Wecken formen. Auf dem Backblech nochmals 30 Minuten gehen lassen. Backrohr auf 220 °C bei Ober-/Unterhitze vorheizen. Backblech einschieben. Nach 5 Minuten auf 180 °C zurückschalten und Brot ca. 40 Minuten backen.

Baguette

500 g Weizenmehl W 700
1 Pkg. Trockengerm
250 ml kaltes Wasser
1 TL Salz

Alle Zutaten kalt verwenden. Einen weichen Germteig bereiten. Teig über Nacht zugedeckt gehen lassen. Teig in 2 oder 3 Stücke teilen. Baguettes formen und diese 3-mal kräftig einschneiden. Backblech befetten und bemehlen. Baguettes am Backblech nochmals 20 Minuten gehen lassen. Backrohr bei Ober-/Unterhitze auf 200 °C vorheizen. Backblech einschieben, Backrohr nach 10 Minuten auf 180 °C zurückschalten und weitere 20 Minuten backen. Baguettes noch heiß mit Wasser besprühen.

Milchbrot

500 g Weizenmehl W 700
250 ml Milch
1 Germwürfel
100 g Zucker
100 g Butter
2 Eidotter
1 Prise Salz

Zum Bestreichen und Verzieren:
1 verquirltes Ei, Hagelzucker

- Alle Zutaten zu einem weichen Germteig abarbeiten.

- Teig entweder in 3 oder 5 Teile teilen.

- Zu Strängen formen. Abwechselnd jeweils den äußeren Strang in die Mitte legen.

- Zopf flechten.

- Mit verquirltem Ei bestreichen. Backblech befetten und bemehlen. Milchbrot 15 Minuten auf dem Backblech gehen lassen. Backrohr auf 160 °C vorheizen. Nach einigen Minuten auf 180 °C schalten und Milchbrot ca. 45 Minuten backen.

Christstollen

500 g Weizenmehl W 700
1 Germwürfel
200 ml Milch
1 TL Salz
200 g Butter
1 Eidotter
70 g Rosinen
50 g Zitronat
50 g Orangeat
70 g gehackte Mandeln
Kardamom
Zimt

Zum Bestreichen:
zerlassene Butter
Staubzucker und
Vanillezucker

• Aus Mehl, Germ, Milch, Butter, Eidotter und Salz einen Germteig bereiten. Teig zugedeckt gehen lassen, bis sich sein Volumen verdoppelt hat. Die übrigen Zutaten unter den Teig kneten.

• Teig nochmals 30 Minuten gehen lassen. Teig zu einem Stollen formen.

• Mit einem Kochlöffelstiel ein Drittel des Teiges der Länge nach abteilen und flachdrücken.

• Flaches Teigstück ausrollen.

• Zu der typischen Stollenform einschlagen.

• Fertig!

• Stollen auf dem befetteten und bemehlten Backblech nochmals gehen lassen. Backrohr bei Ober-/Unterhitze auf 180 °C vorheizen und ca. 1 Stunde backen.

• Staubzucker mit Vanillezucker vermischen. Den heißen Stollen mit zerlassener Butter und dick mit der Staubzucker-Vanille-Mischung bestreichen. Stollen in Cellophan hüllen und nach einigen Tagen anschneiden.

Kletzenbrot

300 g Roggenmehl
200 g Weizenmehl
100 g Sauerteig
1/2 Germwürfel
300 ml warmes Wasser
1 TL Salz
200 g Kletzen
100 g gehackte Nüsse
50 g Rosinen

Für die Hülle:
200 g ausgemahlenes Weizenmehl
1/2 Pkg. Trockengerm
1 Prise Salz
100 ml Wasser

Zum Bestreichen und Belegen:
1 verquirltes Ei
geschälte Mandeln
6 kandierte Kirschenhälften

• Aus Mehl, Salz, Sauerteig, Germ und Wasser einen kompakten Brotteig bereiten. Teig zugedeckt gehen lassen.

• Für die Hülle ebenfalls einen Germteig bereiten.

• Inzwischen Kletzen fein schneiden. Kletzen, Nüsse und Rosinen unter den Teig kneten.

• Teig in 2 Stücke teilen und zu Wecken formen. Germteig für die Hülle ebenfalls in 2 Stücke teilen, ausrollen.

• Brotwecken damit umhüllen.

• Mit verquirltem Ei bestreichen. Mit der Gabel mehrmals einstechen.

• Mit geschälten Mandeln und Kirschenhälften belegen.

• Brotteig auf dem befetteten und bemehlten Backblech nochmals gehen lassen. Backrohr auf 200 °C bei Ober-/Unterhitze vorheizen. Backblech ins Rohr schieben. Nach 5 Minuten auf 180 °C zurückschalten und ca. 45 Minuten backen.

Apfelbrot

500 g Weizenvollkornmehl
1 Pkg. Trockengerm
700 g feste Äpfel
100 g gehackte Mandeln
Saft einer halben Zitrone
1/2 TL Salz
50 g Zucker
Zimt
Vanillezucker

Äpfel vierteln, entkernen und raspeln. Mit Mandeln, Zucker, Zimt, Vanillezucker und Zitronensaft vermischen. Ca. 2 Stunden ziehen lassen. Weizenvollkornmehl, Trockengerm und Salz verrühren. Apfelmischung einkneten. Je nach Konsistenz des Teigs noch Mehl oder Wasser dazugeben. Teig zugedeckt gehen lassen, bis sich sein Volumen verdoppelt hat. Backblech befetten und bemehlen. Brotteig auf dem Backblech nochmals 45 Minuten gehen lassen. Backrohr auf 170 °C vorheizen und ca. 60–75 Minuten backen.

Brot zur Hauseinweihung

500 g Roggenvollkornmehl
50 g Sauerteig
1 Pkg. Trockengerm
2 TL Salz
gemahlener Kümmel
300 ml warmes Wasser

Zum Bestreichen:
1 verquirltes Ei

200 g Meersalz
kleines Jutesäckchen
Kordel

Dazu passender Spruch, den man an das Salzsäckchen hängen kann: „Das Brot, es gehe niemals aus, und Salz, das würze jeden Schmaus, solange ihr hier weilt und euer Brot mit guten Freunden teilt."

Aus den angeführten Zutaten einen Brotteig bereiten, den man zugedeckt gehen lässt, bis sich sein Volumen verdoppelt hat. 1/4 des Teigs abnehmen, Teig zu einer Rolle formen und einen Schlüssel aus der Rolle formen. Brotteig zu einem Wecken formen. Mit verquirltem Ei bestreichen und den Schlüssel daraufdrücken. Brotteig auf einem befetteten und bemehlten Backblech nochmals 45 Minuten gehen lassen. Backrohr bei Ober-/Unterhitze auf 220 °C vorheizen. Backblech einschieben, nach 5 Minuten auf 190 °C zurückschalten. Ca. 45 Minuten backen. Salz in ein Jutesäckchen füllen, mit Kordel zubinden.

Dinkelweckerl

500 g Dinkelvollkornmehl
1 Germwürfel
200 ml warmes Wasser
100 ml Buttermilch
1 TL Zucker
2 TL Salz

Aus den angeführten Zutaten einen weichen Germteig bereiten. Teig gehen lassen, bis sich sein Volumen verdoppelt hat. Teig zu einer Rolle formen und Stücke in beliebiger Größe abstechen. Teig zu Bällchen schleifen und in der Mitte einschneiden. Teigstücke auf ein befettetes und bemehltes Backblech setzen. Nochmals 30 Minuten gehen lassen. Backrohr bei Ober-/Unterhitze auf 220 °C vorheizen. Backblech einschieben und nach 10 Minuten die Backtemperatur auf 180 °C zurückschalten. Weckerl nochmals ca. 20 Minuten backen. Weckerl mit warmem Wasser bestreichen.

Sechs-Korn-Weckerl

500 g Sechs-Korn-Mischung
1 Germwürfel
300 ml warmes Wasser
2 TL Salz
1 TL Zucker
1/2 TL Brotgewürz

Zum Bestreuen:
1 TL Sesam

Sechs-Korn-Mischung mahlen. Aus den angeführten Zutaten einen Germteig bereiten, gehen lassen, bis sich sein Volumen verdoppelt hat. Teig zu einer Rolle formen und beliebige Stücke abschneiden. Teigstücke zu Bällchen schleifen. Aus den Bällchen Rollen formen und schneckenförmig einrollen. Teigstücke auf ein befettetes und bemehltes Backblech setzen. Mit warmem Wasser bestreichen und mit Sesam bestreuen. Nochmals 30 Minuten gehen lassen. Backrohr bei Ober-/Unterhitze auf 230 °C vorheizen. Backblech einschieben und nach 5 Minuten auf 180 °C zurückschalten. Weckerl ca. 25 Minuten backen.

Roggenfleserl

500 g Roggenvollkornmehl
100 g Sauerteig
300 ml warme Molke
2 TL Salz
1 TL Zucker
1/2 TL Kümmel

• Aus den angeführten Zutaten einen Brotteig bereiten, gehen lassen, bis sich sein Volumen verdoppelt hat.

• Teig zu einer Rolle formen und Stücke abschneiden.

• Teigstücke nochmals zu Rollen von ca. 30 cm formen.

• Die Rollen senkrecht hinlegen, 1/3 der Teigrolle parallel zur restlichen Rolle hinlegen und das Ende der kürzeren Rolle über das längere Teigstück legen.

• Die obere Hälfte des längeren Teigstückes über das kürzere Teigstück legen und den Vorgang laut Foto fertig stellen.

• Fleserl auf ein befettetes, bemehltes Backblech setzen. Backrohr auf 230 °C bei Ober-/Unterhitze vorheizen. Backblech einschieben und nach 5 Minuten auf 190 °C zurückschalten. Weckerl 30 Minuten backen.

Roggenfleserl vor dem Backen mit warmem Wasser bestreichen und in Sesam und Leinsamen wälzen. «

Brioche

500 g Weizenmehl W 700
1 Pkg. Trockengerm
200 ml Milch
75 g Zucker
200 g Butter
2 Eidotter
1/2 TL Salz

Zum Bestreichen:
1 Eidotter

Aus den angeführten Zutaten einen weichen Germteig bereiten, gehen lassen, bis sich sein Volumen verdoppelt hat. Teig zu einer Rolle formen und in 10 Stücke teilen, davon 8 zu Bällchen schleifen (Teigstücke mit dem Handballen zu Kugeln rollen) und die restlichen 2 Teigstücke nochmals zusammenkneten und ebenfalls zu 8 Bällchen schleifen. In die Mitte der größeren Teigstücke ein Loch drücken mit Eidotter bestreichen und die kleineren Teigbällchen daraufsetzen. Auf ein befettetes, bemehltes Backblech setzen und die Brioches mit Eidotter bestreichen. 30 Minuten an einem warmen Ort zugedeckt gehen lassen. Im vorgeheizten Backrohr bei 180 °C 35 Minuten backen.

Zuckerbrezel

500 g Weizenmehl W 700
1 Pkg. Trockengerm
220 ml Milch
100 g Zucker
120 g Butter
2 Eidotter
etwas Salz

Zum Bestreichen:
1 verquirltes Ei

Hagelzucker zum Bestreuen

Aus den angeführten Zutaten einen weichen Germteig bereiten, Teig gehen lassen, bis sich sein Volumen verdoppelt hat. Teig zu einer Rolle formen und 20 Stücke abschneiden, die man nochmals zu Rollen von jeweils 40 cm Länge formt. Brezel formen, indem man die Enden der Teigrollen übereinander schlägt. Brezel auf ein befettetes, bemehltes Backblech setzen. Ei verquirlen, die Brezel damit bestreichen und mit Hagelzucker bestreuen. Bei 180 °C im vorgeheizten Backrohr 25 Minuten backen.

Rosinenkrapferl

500 g Weizenmehl W 700
1 Pkg. Trockengerm
250 ml Milch
50 g Butter
3 Eidotter
50 g Zucker
1/2 TL Salz
50 g Rosinen

Zum Bestreichen:
1 Eidotter

Aus den angeführten Zutaten einen weichen Germteig bereiten, gehen lassen, bis sich sein Volumen verdoppelt hat. Rosinen einkneten. Teig ca. 1 cm dick ausrollen. Mit einem Wasserglas (Rand bemehlen) Scheiben von ca. 8 cm Ø ausstechen. Mit Eidotter bestreichen und nochmals 30 Minuten gehen lassen. Im vorgeheizten Backrohr bei 180 °C 30 Minuten backen.

Polsterzipfe

500 g glattes Weizenmehl W 480
1 Germwürfel
250 g Topfen (20 % F.i.T.)
warmes Wasser nach Bedarf
1 Eidotter
50 g Zucker
50 g Butter
1/2 TL Salz

Butterschmalz zum Herausbacken (je nach Größe des verwendeten Topfes, so viel Butterschmalz verwenden, dass man die Polsterzipfe schwimmend herausbacken kann)
Staubzucker zum Bestreuen

Aus den angeführten Zutaten einen Germteig bereiten, gehen lassen, bis sich sein Volumen verdoppelt hat. Teig dünn ausrollen und mit dem Teigrädchen Rhomben ausradeln. Teigstücke nochmals 20 Minuten gehen lassen. Inzwischen Butterschmalz erhitzen (Kochlöffelstiel-Probe machen). Polsterzipfe zuerst zugedeckt backen, umdrehen und offen fertig backen. Vor dem Servieren mit Staubzucker bestreuen.

Nussbeugerl

500 g Weizenmehl W 700
1 Pkg. Trockengerm
250 ml Milch
120 g Butter
2 Eidotter
50 g Zucker
etwas Salz

Für die Fülle:
200 g geriebene Haselnüsse
125 ml Rahm
50 g Zucker
1 EL Butter

Zum Bestreichen:
1 verquirltes Ei
1 Eidotter

Aus den angeführten Zutaten einen kalt geführten, schnellen Germteig bereiten. 3 Stunden im Kühlschrank zugedeckt gehen lassen.

Für die Fülle inzwischen Butter in einem Topf erhitzen. Haselnüsse abrösten, Zucker dazumischen und mit Rahm aufgießen. 10 Minuten auf kleiner Flamme quellen lassen. Fülle auskühlen lassen.

Teig zu einer Rolle formen und Stücke von 2 cm abschneiden. Teigstücke oval ausrollen und die ausgekühlte Fülle daraufsetzen. Teigenden mit verquirltem Ei bestreichen und fest zusammendrücken. Beugerl formen. Auf ein bemehltes und befettetes Backblech setzen. Vor dem Aufgehen mit Eidotter bestreichen. 30 Minuten gehen lassen. Nochmals mit Eidotter bestreichen. Im vorgeheizten Backrohr bei 180 °C 25 Minuten backen.

Mohnbeugerl

Zubereitung wie Nussbeugerl

Für die Fülle:
250 g geriebener Mohn
125 ml Rahm
ca. 50 g Zucker
Zimt
1 TL Butter

Für die Fülle Butter in einem Topf erhitzen. Mohn gut abrösten, Zucker dazugeben mit Rahm aufgießen und mit Zimt aromatisieren. 10 Minuten auf kleiner Flamme quellen lassen.

Gebackene Mäuse

500 g glattes
Weizenmehl W 480
1 Pkg. Trockengerm
250 ml Milch
100 g Butter
3 Eidotter
50 g Zucker
1/2 TL Salz

Butterschmalz zum Herausbacken (je nach Größe des verwendeten Topfes, so viel Butterschmalz verwenden, dass man die Mäuse schwimmend herausbacken kann)
Staub- und Vanillezucker zum Bestreuen

Aus den angeführten Zutaten einen Germteig bereiten, gehen lassen, bis sich sein Volumen verdoppelt hat. Mit einem Esslöffel Nockerl (etwas größer als Grießnockerl) herausstechen. Die Teignockerl nochmals 30 Minuten gehen lassen. Butterschmalz erhitzen (Holzkochlöffelstiel-Probe machen – wenn sich um den Kochlöffelstiel Blasen bilden, passt die Temperatur). Die Mäuse 5 Minuten zugedeckt backen, umdrehen und nochmals 5 Minuten offen backen. Staubzucker und Vanillezucker vermischen und die gebackenen Mäuse damit bestreuen.

Nuss-Nougat-Kipferl

siehe „Kalt geführter Germteig" Seite 31

500 g glattes Weizenmehl W 480
1 Pkg. Trockengerm
250 ml Milch
100 g Butter
2 Eidotter
1/2 TL Salz
70 g Nuss-Nougat

Zum Bestreichen:
1 verquirltes Ei
1 Eidotter

• Aus den angeführten Zutaten einen kalt geführten Germteig bereiten. 3 Stunden gehen lassen.

• Teig zu einer Rolle formen.

• Stücke von 2 cm abschneiden.

• Zu Bällchen schleifen und oval ausrollen.

• Jeweils 1 TL Nuss-Nougat daraufsetzen.

• Teigenden mit verquirltem Ei bestreichen und Nuss-Nougat einschlagen.

• Kipferl formen und mit Eidotter bestreichen.

Alphabetisches Rezeptregister

Pikantes

Süßes

Die Autorin

Heidi Huber, geboren 1960 in Salzburg, ist Mutter von fünf Kindern und war lange Zeit Bäuerin am Katzlmooshof. Nach ihrer Ausbildung zur Seminarbäuerin leitete sie 2 Jahre lang das Projekt „Lebensqualität Bauernhof" in Salzburg. Heidi Huber gibt Kochkurse zu den Themen Germteig, Brotbacken, Milchverarbeitung und Eltern-Kind-Kochen. Sie hat bereits mehrere Kochbücher veröffentlicht.
Bei Löwenzahn erschien 2009 „Das Bäuerinnen-Kochbuch der Jahreszeiten. 365 Rezepte nach dem Erntekalender". 2010 folgte „Das Jahreszeiten-Kochbuch zum Abnehmen. Einfach und natürlich zum Wohlfühlgewicht".